INTERNATIONAL
ORGANIZATIONS
SURVEYS

非洲商法协调组织

L'ORGANISATION POUR L'HARMONISATION EN
AFRIQUE DU DROIT DES AFFAIRES (OHADA)

朱伟东　著

社会科学文献出版社
SOCIAL SCIENCES ACADEMIC PRESS (CHINA)

出版说明

　　自20世纪90年代以来，世界格局和形势发生重大变化，国际秩序进入深刻调整期。世界多极化、经济全球化、文化多样化、社会信息化加速发展，而与此同时，地缘冲突、经济危机、恐怖威胁、粮食安全、网络安全、环境和气候变化、跨国有组织犯罪等全球性问题变得更加突出，在应对这些问题时以联合国为中心的国际组织起到引领作用。特别是近年来，逆全球化思潮暗流涌动，单边主义泛起，贸易保护升级，以维护多边主义为旗帜的国际组织的地位和作用更加凸显。

　　作为发展中大国，中国是维护世界和平与发展的重要力量。对于世界而言，应对人类共同挑战，建设和改革全球治理体系，需要中国的参与；对于中国而言，国际组织不仅是中国实现、维护国家利益的重要途径，也是中国承担国际责任的重要平台。考虑到国际组织作为维护多边主义和世界和平与发展平台的重大作用，我们决定在以介绍世界各国及国际组织为要旨的《列国志》项目之下设立《国际组织志》子项目，将"国际组织"各卷次单独作为一个系列编撰出版。

　　从概念上讲，国际组织是具有国际性行为特征的组织，有广义、狭义之分。狭义上的国际组织仅指由两个或两个以上国家（或其他国际法主体）为实现特定目的和任务，依据其缔结的条约或其他正式法律文件建立的有一定规章制度的常设性机构，即通常所说的政府间国际组织（IGO）。这样的定义虽然明确，但在实际操作中对政府间国际组织的界定却不总是完全清晰的，因此我们在项目运作过程中参考了国际协会联盟（Union of International Associations，UIA）对国际组织的归类。除了会籍普遍性组织（Universal Membership Organizations）、洲际性组织（Intercontinental Membership Organizations）和区域性组织（Regionally Defined Membership Organizations）等常见的协定性国际组织形式外，UIA 把具有特殊架构的组织也纳入政府间国际组织的范围，比如论坛性组织、国际集团等。考虑到这些新型国际组织数量增长较快，而且具有灵活、高效、低成本等优势，它们在全球事务中的协调作用及影响力不容忽视，所以我们将这些新型的国际组织也囊括其中。

广义上的国际组织除了政府间国际组织之外，还包括非政府间的国际组织（INGO），指的是由不同国家的社会团体或个人组成，为促进在政治、经济、科学技术、文化、宗教、人道主义及其他人类活动领域的国际合作而建立的一种非官方的国际联合体。非政府间国际组织的活动重点是社会发展领域，如扶贫、环保、教育、卫生等，因其独立性和专业性而在全球治理领域发挥着独特作用。鉴于此，我们将非政府间的国际组织也纳入《国际组织志》系列。

构建人类命运共同体，建设持久和平、普遍安全、共同繁荣、开放包容、清洁美丽的世界，是习近平总书记着眼人类发展和世界前途提出的中国理念，受到了国际社会的高度评价和热烈响应。中国作为负责任大国，正以更加积极的姿态参与推动人类命运共同体的建设，国际组织无疑是中国发挥作用的重要平台。这也是近年来我国从顶层设计的高度将国际组织人才培养提升到国家战略层面，加大国际组织人才培养力度的原因所在。

《国际组织志》丛书属于基础性研究，强调学术性、权威性、应用性，作者队伍由中国社会科学院国际研究学部及国内各高校、科研机构的专家学者组成。尽管目前国内有关国际组织的研究已经取得了较大进步，但仍存在许多亟待加强的地方，比如对有关国际组织制度、规范、法律、伦理等方面的研究还不充分，可供国际事务参与者借鉴参考的资料还很缺乏。

正因为如此，我们希望通过《国际组织志》这个项目，搭建起一个全国性的国际组织研究与出版平台。研究人员可以通过这个平台，充分利用已有的资料和成果，深入挖掘新的研究课题，推进我国国际组织领域的相关研究；从业人员可以通过这个平台，掌握国际组织的全面资料与最新资讯，提高参与国际事务的实践能力，更好地在国际舞台上施展才能，服务于国家发展战略；更重要的是，正在成长的新一代学子可以通过这个平台，汲取知识，快速成长为国家需要的全球治理人才。相信在各方的努力与支持下，《国际组织志》项目必将在新的国际国内环境中体现其独有的价值与意义！

新版《列国志》与《国际组织志》联合编辑委员会

2018 年 10 月

前　言

　　自 1840 年前后中国被迫开关、步入世界以来，对外国舆地政情的了解即应时而起。还在第一次鸦片战争期间，受林则徐之托，1842 年魏源编辑刊刻了近代中国首部介绍当时世界主要国家舆地政情的大型志书《海国图志》。林、魏之目的是为长期生活在闭关锁国之中、对外部世界知之甚少的国人"睁眼看世界"，提供一部基本的参考资料，尤其是让当时中国的各级统治者知道"天朝上国"之外的天地，学习西方的科学技术，"师夷之长技以制夷"。这部著作，在当时乃至其后相当长一段时间内，产生过巨大影响，对国人了解外部世界起到了积极的作用。

　　自那时起中国认识世界、融入世界的步伐就再也没有停止过。中华人民共和国成立以后，尤其是 1978 年改革开放以来，中国更以主动的自信自强的积极姿态，加速融入世界的步伐。与之相适应，不同时期先后出版过相当数量的不同层次的有关国际问题、列国政情、异域风俗等方面的著作，数量之多，可谓汗牛充栋。它们对时人了解外部世界起到了积极的作用。

　　当今世界，资本与现代科技正以前所未有的速度与广度在国际流动和传播，"全球化"浪潮席卷世界各地，极大地影响着世界历史进程，对中国的发展也产生极其深刻的影响。面临不同以往的"大变局"，中国已经并将继续以更开放的姿态、更快的步伐全面步入世界，迎接时代的挑战。不同的是，我们所面临的已不是林则徐、魏源时代要不要"睁眼看世界"、要不要"开放"的问题，而是在新的历史条件下，在新的世界发展大势下，如何更好地步入世界，如何在融入世界的进程中更好地维护民族国家的主权与独立，积极参与国际事务，为维护世界和平，促进世界与人类共同发展做出贡献。这就要求我们对外部世界有比以往更深切、全面的了解，我们只有更全面、更深入地了解世界，才能在更高的层次上融入世界，也才能在融入世界的进程中不迷失方向，保持自我。

与此时代要求相比，已有的种种有关介绍、论述各国史地政情的著述，无论就规模还是内容来看，已远远不能适应我们了解外部世界的要求。人们期盼有更新、更系统、更权威的著作问世。

中国社会科学院作为国家哲学社会科学的最高研究机构和国际问题综合研究中心，有 11 个专门研究国际问题和外国问题的研究所，学科门类齐全，研究力量雄厚，有能力也有责任担当这一重任。早在 20 世纪 90 年代初，中国社会科学院的领导和中国社会科学出版社就提出编撰"简明国际百科全书"的设想。1993 年 3 月 11 日，时任中国社会科学院院长的胡绳先生在科研局的一份报告上批示："我想，国际片各所可考虑出一套列国志，体例类似几年前出的《简明中国百科全书》，以一国（美、日、英、法等）或几个国家（北欧各国、印支各国）为一册，请考虑可行否。"

中国社会科学院科研局根据胡绳院长的批示，在调查研究的基础上，于 1994 年 2 月 28 日发出《关于编纂〈简明国际百科全书〉和〈列国志〉立项的通报》。《列国志》和《简明国际百科全书》一起被列为中国社会科学院重点项目。按照当时的计划，首先编写《简明国际百科全书》，待这一项目完成后，再着手编写《列国志》。

1998 年，率先完成《简明国际百科全书》有关卷编写任务的研究所开始了《列国志》的编写工作。随后，其他研究所也陆续启动这一项目。为了保证《列国志》这套大型丛书的高质量，科研局和社会科学文献出版社于 1999 年 1 月 27 日召开国际学科片各研究所及世界历史研究所负责人会议，讨论了这套大型丛书的编写大纲及基本要求。根据会议精神，科研局随后印发了《关于〈列国志〉编写工作有关事项的通知》，陆续为启动项目拨付研究经费。

为了加强对《列国志》项目编撰出版工作的组织协调，根据时任中国社会科学院院长的李铁映同志的提议，2002 年 8 月，成立了由分管国际学科片的陈佳贵副院长为主任的《列国志》编辑委员会。编委会成员包括国际片各研究所、科研局、研究生院及社会科学文献出版社等部门的主要领导及有关同志。科研局和社会科学文献出版社组成《列国志》项目工作组，社会科学文献出版社成立了《列国志》工作室。同年，《列国志》项目被批准为中国社会科学院重大课题，新闻出版总署将《列国志》项目列入国家重点图书出版计划。

在《列国志》编辑委员会的领导下，《列国志》各承担单位尤其是各位学者加快了编撰进度。作为一项大型研究项目和大型丛书，编委会对《列国志》提出的基本要求是：资料翔实、准确、最新，文笔流畅，学术性和可读性兼备。《列国志》之所以强调学术性，是因为这套丛书不是一般的"手册""概览"，而是在尽可能吸收前人成果的基础上，体现专家学者们的研究所得和个人见解。正因为如此，《列国志》在强调基本要求的同时，本着文责自负的原则，没有对各卷的具体内容及学术观点强行统一。应当指出，参加这一浩繁工程的，除了中国社会科学院的专业科研人员以外，还有院外的一些在该领域颇有研究的专家学者。

现在凝聚着数百位专家学者心血，共计141卷，涵盖了当今世界151个国家和地区以及数十个主要国际组织的《列国志》丛书，将陆续出版与广大读者见面。我们希望这样一套大型丛书，能为各级干部了解、认识当代世界各国及主要国际组织的情况，了解世界发展趋势，把握时代发展脉络，提供有益的帮助；希望它能成为我国外交外事工作者、国际经贸企业及日渐增多的广大出国公民和旅游者走向世界的忠实"向导"，引领其步入更广阔的世界；希望它在帮助中国人民认识世界的同时，也能够架起世界各国人民认识中国的一座"桥梁"，一座中国走向世界、世界走向中国的"桥梁"。

《列国志》编辑委员会
2003 年 6 月

CONTENTS
目 录

CONTENTS
目 录

CONTENTS

目 录

CONTENTS
目 录

导　　言

　　非洲商法协调组织是非洲大陆上一个致力于商法协调化和统一化的重要地区性组织，它的法语名称是"Organization pour l'harmonisation du Droit des Affairs en Afrique"（简称"OHADA"），英文名称是"Organization for the Harmonization of Business Law in Africa"（简称"OHBLA"）。人们一般用"OHADA"来作为该组织的简称。该组织成立于1993年，但国内很多人甚至是非洲学界的人士对该组织也了解甚少。2005年，我开始关注这一组织的，当时我在湘潭大学非洲法律与社会研究中心从事非洲法方面的研究。通过对该组织的初步了解，我认为这一组织在推动非洲商法统一化方面独树一帜，成果显著，对于中国在该地区的投资具有重要的意义，当时就萌发了写本书向国内系统介绍该组织的想法。此后，2007年我在澳门大学参加了"非洲商法协调化及其对中国在非洲投资的好处"（The Harmonization of Commercial Laws and Its Advantage for Chinese Investment in Africa）的国际研讨会，对非洲商法协调组织及其法律制度有了进一步的了解，接着2008年我在莫桑比克蒙德拉内大学参加了"首届地区一体化和南部非洲发展共同体法律国际会议"（the First International Conference on the Regional Integration and SADC Law）"，会上一些来自非洲国家、西方国家以及联合国非洲经济委员会的专家、实务人士对非洲商法协调组织给予了很高的评价，这更加激发了我对该组织的研究兴趣。此外，我在进行非洲法的研究过程中，经常收到国内对非投资企业有关非洲商法协调组织法律制度的咨询请求，这使我认识到研究非洲商法协调组织的法律制度具有重要的现实意义。为此，我在2008年翻译了鲍里斯·马特（Boris

Martor）等人所著的《非洲商法：OHADA 与统一化进程》（*Business Law in Africa：OHADA and the Unification Process*）。① 但十分遗憾的是，该书当时是由英国全球市场简报出版公司出版的，国内的读者不太容易买到。时隔数年，在 2014 年我又翻译出版了《非洲统一商法：普通法视角中的 OHADA》。② 该书是由美国杜兰大学法学院的迪克森教授组织尼日利亚、喀麦隆等一些非洲国家的学者编写的一本有关非洲商法协调组织的论文集，它只是对该组织的某些方面进行了分析和评价，而没有对该组织进行全面的系统介绍。在此期间，我也在国内外的一些期刊上零星撰文，对该组织进行了介绍，并分析了该组织的法律制度对中国企业投资非洲的意义。③ 但由于琐事缠身，这么多年来竟然一直没有机会将此前的想法付诸实施。2015 年 9 月我调入中国社会科学院西亚非洲研究所工作，恰逢社会科学文献出版社组织编写《列国志》丛书，其中包括对非洲重要地区性组织的介绍，于是我就在 2016 年申报了《非洲商法协调组织》一书的出版项目，并荣幸入选，这才使我多年前的想法能够得以实现。

非洲商法协调组织及其法律制度在国际上引起很多学者、实务人士的关注。有关该组织及其法律制度的文献层出不穷，围绕该组织及其法律制度所召开的各类研讨会亦很多。例如，单从非洲商法协调组织的商业网站（www. ohada. com）上"最新信息"栏提供的信息就可以清楚看出，每年在世界各地围绕该组织及其法律制度召开各种各样的研讨会；④ 从该网站

---

① 鲍里斯·马特等：《非洲商法：OHADA 与统一化进程》，朱伟东译，英国全球市场简报出版公司，2008 年版。

② 克莱尔·莫尔·迪克森编《非洲统一商法：普通法视角中的 OHADA》，朱伟东译，中国政法大学出版社，2014 年 5 月第 1 版。

③ 朱伟东：《非洲国际商法统一化与协调化》，《西亚非洲》2003 年第 3 期，第 66～72 页；朱伟东：《非洲商法协调组织述评》，《西亚非洲》2009 年第 1 期，第 49～53 页；朱伟东：《OHADA 法律制度简析及其为对非投资带来的好处》，《海外投资与出口信贷》2010 年第 5 期，第 19～22 页；朱伟东、冯琳：《OHADA 仲裁法律制度述评》，《仲裁与法律》2008 年第 110 辑，第 57～72 页。ZHU Weidong, "OHADA: As a Base for Chinese Further Investment in Africa", *Penant*, vol. 129, No. 89, 2009, pp. 421–428.

④ http：//www. ohada. com/actualite. html.

"书店"栏可以看到，目前所出版的有关该组织及其法律制度的书籍种类繁多，内容多样，几乎涵盖了该组织法律制度的所有方面；[1] 而该网站"理论和文献"栏所发布的各类有关非洲商法协调组织及其法律制度的文章数以千计，蔚为大观。[2]

与国际上对非洲商法协调组织及其法律制度的强烈关注相比，国内有关该组织及其法律制度的研究还相对冷清。自我在国内期刊撰文介绍该组织及其法律制度以来，国内开始有人关注这一组织及其法律制度。例如，湘潭大学非洲法律与社会研究中心的研究生曾围绕非洲商法协调组织的不同法律制度撰写过几篇法学硕士论文，[3] 外交学院有两位硕士研究生围绕非洲商法协调组织的创立条约撰写过硕士论文，[4] 还有一些在国内大学攻读博士学位的非洲留学生也围绕非洲商法协调组织的法律制度撰写了博士论文，如在武汉大学留学的马里留学生姆多撰写的博士论文，题目是《OHADA 国际商事仲裁法与中国国际商事仲裁法的比较研究》，[5] 另一位在武汉大学留学的非洲留学生申科撰写的博士论文，题目是《中国与非洲统一商法组织（OHADA）法域合同法若干方面的比较研究》。[6] 湘潭大学非洲法律与社会研究中心的李伯军老师在 2016 年翻译出版了《理解非洲商法协调组织》一书，[7] 该书内容十分简略，只是重点介绍了《非洲商

---

[1]　http://www.ohada.com/librairie.html.

[2]　http://www.ohada.com/doctrine.html；http://www.ohada.com/bibliographie.html.

[3]　颜苗丽：《非洲商法统一组织仲裁法律制度与中国仲裁制度的比较》，湘潭大学，2010年硕士学位论文；陈秀之：《OHADA 担保统一法研究——兼对我国担保立法的启示》，湘潭大学，2010年硕士学位论文；汪世芳：《OHADA 公路货物运输统一法及对中国的启示》，湘潭大学，2007年硕士学位论文；许颖：《非洲商法协调组织合作制企业统一法研究》，湘潭大学，2013年硕士学位论文。

[4]　香玉芳：《非洲商法统一条约之评价》，外交学院，2009年硕士学位论文；赵怡婕：《非洲商法协调条约之述评》，外交学院，2012级硕士学位论文。

[5]　Mamoudou Samassekou, *A Comparative Study of International Commercial Law*：*OHADA and the People's Republic of China*, Doctorate Dissertation, Wuhan University, 2011.

[6]　Moussa Sékou TRAORE, *A Comparative Study of Some Aspects of Contract Law between China and OHADA Area's Countries*, Doctorate Dissertation, Wuhan University, 2012.

[7]　阿鲁赛尼·穆鲁：《理解非洲商法协调组织》（第二版），李伯军译，湘潭大学出版社，2016年10月第1版。

法协调条约》与非洲商法协调组织的组成机构，可以对中国读者了解该组织的概况提供一定的帮助。总体上来看，国内对非洲商法协调组织及其法律制度的关注还远远不够，与中国在该地区的投资十分不相称。

为了便于国内读者对非洲商法协调组织有一个全面的认识和了解，本书将分五章进行论述：第一章简单介绍非洲商法协调组织的成立背景、成立过程以及该组织的法律地位；第二章将分别介绍该组织的五个组成机构及其职能和权限；第三章将探讨该组织所制定的统一法，将详细分析统一法的制定过程、它们的性质及适用，并对已通过的所有统一法的内容做一概要说明；第四章专门阐述非洲商法协调组织的争端解决程序，包括诉讼程序、仲裁程序和调解程序；第五章将对非洲商法协调组织取得的成就及面临的挑战进行分析；在余论部分将简要分析非洲商法协调组织及其法律制度为中国在该地区的投资带来的好处。

2017 年 12 月 30 日

第一章

非洲商法协调组织的成立

　　非洲商法协调组织的成立不是一蹴而就的，而是经历了漫长的过程。最初，非洲法郎区的一些国家主要是希望通过设立这样的组织，对该地区的法律实行一体化，实现本地区的政治和经济一体化，为本地区的商业活动创造一个良好的法律环境，吸引更多外来投资，以促进本地区经济发展，从而更好地融入经济全球化。因此，实现地区的一体化，迎接经济全球化的挑战，是非洲商法协调组织得以成立的两个重要原因。而非洲法郎区国家所具有的相似的殖民经历、相同的语言、法律传统和文化则为非洲商法协调组织的成立提供了便利的条件，一些法律人士的推动以及该地区一些国家领导人表现出来的实现该地区法律一体化的强烈政治意愿，则为该组织的成立注入了强大的动力。为了确保该组织能够有效运作，《非洲商法协调条约》明确规定了该组织的成立目的，并清晰界定了该组织的法律地位。

第一节　非洲商法协调组织的成立背景

一　地区一体化是非洲商法协调组织成立的直接原因

　　非洲国家独立后，一些非洲政治领导人多次在演讲、会议和正式条约中提出进行非洲地区一体化的主张，并很早就将这一主张付诸行动，例如，非洲国家早在 1963 年就成立了非洲统一组织（现在的非盟）。1991年 6 月 3 日在阿布贾召开的非洲统一组织首脑会议上，与会各国签署《阿布贾条约》，计划在 34 年内分阶段逐步建立一个全非洲范围的经济和货币同盟。2002 年非洲联盟（以下简称"非盟"）取代非洲统一组织后，为了避免在全球化中被边缘化，更加关注非洲经济一体化的发展。

近年来，非洲国家更加积极推动自由贸易区的建设。联合国非洲经济事务委员会执行秘书阿莫科（K. Y. Amoako）先生曾经指出，非洲地区一体化必须提速，只有这样，非洲大陆才能"更为有效地应对日益全球化的世界"。[①] 尽管非洲大陆有进行地区一体化的强烈愿望，但由于诸多原因，如缺乏统一、协调的一体化政策，非洲各国经济发展水平各异，基础设施落后，地区组织成员国身份重叠等因素，[②] 非洲地区一体化的水平，还不尽如人意，许多地区组织的行动方案还不协调、政治方面还存在冲突、地区间的国际贸易水平还较低。[③] 国内许多学者多从政治、经济等方面探讨非洲一体化得失成败的原因，鲜有人从法律层面对其进行分析。国外已有很多学者认识到法律在非洲地区一体化建设过程中的作用，有学者指出："如果没有国内和国际层面的最初的政治推动，任何经济一体化便无由产生。而如果没有牢固的法律框架，经济一体化便无法维系。"[④] 对于非洲国家而言，在一体化建设过程中，必须重视法律一体化所发挥的重要作用，切实推进贸易法、投资法及国际私法等影响货物、资本、服务和人员自由流通的法律制度的统一化与协调化。

地区一体化的发展一般经由自由贸易区、关税同盟、共同市场和货币同盟等几个发展阶段。在这几个发展阶段中，需要对各国的贸易制度、关税以及资本、人员、服务和货物的流通进行调整和规制，这就需要建立起

---

① Ernst Harsch, "Making African Regional Integration a Reality", *Africa Recovery*, vol. 16, No. 2 - 3, September, 2002, p. 10.

② Mark Chingono and Steve Nakana, "The Challenges of Regional Integration in Southern Africa", *African Journal of Political and International Relations*, vol. 3, No. 10, 2009, pp. 396 - 408.

③ Luca G. Castellani, "Ensuring Harmonization of Contract Law at Regional and Global Level: the United Nations Convention on Contracts for the International Sale of Goods and the Role of of UNCITRAL", *Revue De Droit Uniforme*, 2008, p. 117.

④ 萨尔瓦多·曼库索：《非洲合同法的趋势》，朱伟东译，《湘江法律评论》2009 年第 8 卷，第 4 页。

相应的法律制度，因为"一体化进程在本质上是经济方面的，同样也是法律意义上的"。地区一体化对法律的影响暗含着适时调整规则的义务，而法律对于经济的影响使法律演变为经济一体化所应具备的条件，同时成为推动一体化发展的发动机。①

具体而言，各国推行一体化是为了吸引投资、促进地区内贸易的发展，推动本地区内资本、货物、人员和服务的自由流通，增强成员国的团结与合作，实现联合自强。要实现这一目的，必须在成员国国内存在一体化的法律制度，这是地区一体化的必备条件。如果没有一体化的法律制度，本地区内的企业、人员等将不能得到平等对待，商事交易赖以维系的法律的稳定性、可预见性也无从谈起，地区内共同的或协调的关税、贸易、投资等政策也无法推行。反过来，如果地区一体化组织内实现了法律的一体化，就可促进一体化的长期、可持续发展。例如，埃蒂安·塞赫克斯在谈及欧洲经济共同体成员国经济一体化时曾经写道："如果我们想确保市场的畅通和政治共同体的统一实施，最低限度的法律一体化将是必不可少的。而另一方面，作为突出体现整个一体化进程的经济一体化必须以一个协调的法律环境为前提。"②

法律的一体化有两种途径，即法律的统一化（unification）和协调化（harmonization）。一般认为，法律的协调化是指在保持各国现有法律规定的前提下，各国按照所约定的目的或目标，自行修正或消除本国法律制度或法律规定中与此目的或目标不符的规则，从而使各国法律制度在整体上保持一致和协调。而法律的统一化是指各国通过谈判制定一个或一套统一的法律制度或规则来取代各国现有的不同的法律制度，从而实现各国法律

①　吉勒斯·西斯塔克：《区域一体化：南部非洲发展共同体（SADC）与非洲商法协调组织（OHADA）》，李伯军译，萨尔瓦多·曼库索、洪永红主编《中国对非投资法律环境研究》，湘潭大学出版社，2009 年 6 月第 1 版，第 107 页。

②　E. Cerexge, "Problématique de l'entreprise et de l'harmonisation du droit des sociétés", *RJPIC.* 1978 No.1，转引自阿鲁赛尼·穆鲁：《非洲商法协调组织概论》，李伯军译，萨尔瓦多·曼库索、洪永红主编《中国对非投资法律环境研究》，湘潭大学出版社，2009 年 6 月第 1 版，第 7 页。

一致化的目的。① 例如，欧盟通过"指令"（directive）形式，要求各国在修改本国法律规定或在制定新的法律时遵守指令所设定的要求，就是法律协调化的例子，而欧盟通过"规则"（regulation）形式来取代各国现有的法律规定，就是法律统一化的例子。通常，法律的协调化是进行法律统一化的前提，而法律的统一化是法律协调化的最终目的。② 在各国法律制度存在巨大差异的情况下，统一化和协调化的法律制度可以为跨境民商事交易带来诸多好处。首先，统一化和协调化的法律制度有助于增强法律的稳定性和可预见性，减少法律风险，降低交易的成本；其次，法律的统一化和协调化可以改善国内法律环境，用"较好的法律规则"取代国内过时的、与国际上立法趋势不一致的法律制度，从而使本国的法律制度与其他国家保持一致；最后，法律的统一化与协调化有利于各国律师更好地了解法律内容，从而提供更优质的法律服务。③ 一体化的法律制度所带来的好处对于地区一体化发展的重要性不言而喻。

因此，国际上许多地区一体化组织在发展过程中都非常重视对成员国的法律进行统一化或协调化。例如，世界上一体化程度最高的欧盟除通过条约制定一系列具有宪法性效力的法律文件外，还通过"指令"和"规则"的形式对成员国有关涉外民商事方面案件的法律进行协调或统一。特别是1999年5月1日生效的《阿姆斯特丹条约》明确规定将原属欧共体"第三支柱"司法与内务合作事项中的第6项"民事方面的司法合作"

---

① 有关法律统一化和协调化的论述可参见 Arthur Roset，"Unification, Harmonization, Restatement, Codification and Reform in International Commercial Law"，*Journal of American Comparative Law*，vol. 40，1992，pp. 683 – 697；Martin Boodman，"The Myth of Harmonization of Law"，*The Journal of American Comparative Law*，vol. 39，1991，pp. 699 – 724；Emanuela Carbonara, Francesco Parisi，"The Paradox of Legal Harmonization"，Public Choice（2007）132：367 – 400；E. Allan Farnsworth，"Unification and Harmonization of Private Law"，*Canadian Business Law Journal*，vol. 27，1996；Marc Ancel，"From the Unification of Law to Its Harmonization"，*Tulane Law Review*，vol. 51，1976。

② Marc Ancel, op. cit. , p. 116.

③ 关于法律统一化、协调化的好处，参见 Paul B. Stephen，"The Futility of Unification and Harmonization in International Commercial Law"，*Virginia Journal of International Law*. vol. 39，spring, 1999，pp. 745 – 751。

调整为"第一支柱"事项，即此类事项不再是各成员国的国内事项，而是直接由欧共体管辖的事项。2009 年 12 月 1 日生效的《里斯本条约》为欧盟的整合奠定了更加厚实的基础，该条约规定，欧洲议会和欧盟理事会应就成员国之间判决的承认和执行、域外送达、域外取证、管辖权冲突等问题采取立法措施，以确保内部市场的良好运行。特别是，该条约还扩大了欧洲法院的权力，有利于欧洲法院对立法的适用做出统一的解释。这些措施在很大程度上减少了由该地区法律冲突所造成的负面影响，进一步促进了该地区人员、商品、服务、资本的自由流通，对于强化欧洲地区的一体化发挥了重要作用。有人认为，"欧盟法律法规一体化不仅对欧洲一体化起引导作用、主导作用和推动作用，还对欧洲一体化起护卫保障作用。因此，法律法规一体化可以被看作是欧洲一体化的灵魂，是欧洲社会经济和政治内务各领域融合的基础，是一体化制度建设的法律依据"。[1]

然而，非洲国家在进行地区一体化进程中却没有对法律的作用给予应有的重视。非洲一些重要的地区性组织，如东非共同体、东南非共同市场、南部非洲发展共同体、西非国家经济共同体、中部非洲经济货币共同体等，都没有在其成立条约或随后通过的其他条约中明确提及成员国之间的司法合作事项，更不用说法律的协调化与统一化了。非洲的地区一体化组织基本上都没有像欧盟那样设立专门的法律委员会，对相关法律问题进行调查，或提出立法建议。此外，非洲的一些地区一体化组织虽然设有司法法院，但有些地区法院的管辖权有限。有的地区性法院如南部非洲发展共同体法院虽然能够受理成员国内自然人或法人针对成员国提起的诉讼，但由于共同体立法的缺陷，自然人或法人的权利不能得到很好的保护，也不利于地区一体化法律制度的发展。[2] 非洲地区一体化组织还存在其他方

---

① 伍贻康：《欧洲一体化整合协调经验及其启迪》，《太平洋学报》2005 年第 1 期，第 30 页。

② 如南部非洲发展共同体法院受理的"津巴布韦土地征收案"，虽然南部非洲发展共同体法院作出了判决，但该判决在执行中却遇到重重障碍，使当事人的权利无法顺利得到保护。对该案的论述，参见朱伟东《津巴布韦"土地征收案"评析》，《西亚非洲》2011 年第 3 期，第 25 ~ 31 页。

面的一些问题，如不同一体化组织之间的关系界定不明，如非洲经济共同体与非盟的关系、非洲经济共同体与其他次区域经济共同体之间的关系；地区性协议很少被纳入国内法律或政策之中；缺乏相应的一体化时间表的实施机制；不同一体化组织的成员相互重叠；① 等等。

非洲经济共同体为非洲共同市场的建立规划了六阶段的发展目标：第一阶段是强化现有的经济共同体并在未设立经济共同体的地区设立经济共同体（1999 年完成）；第二阶段是加强非洲各区域性经济共同体的联合与协调（2007 年完成）；第三阶段是在每个区域性经济共同体内建自由贸易区和关税同盟（2017 年完成）；第四阶段是建立一个全非洲范围内的自由贸易区关税同盟（2019 年完成）；在第五和第六阶段，成立并强化非洲共同市场（2023 年完成），并最终成立泛非经济货币联盟和泛非议会（2028 年完成）。显然，该发展目标采用了自下而上的一体化发展模式。从现实情况来看，非洲地区一体化发展的程度基本上处于第二和第三阶段。在此阶段必须关注各个经济共同体自身的健康发展，而一体化的法律制度可以为经济一体化的发展提供制度性保障。考虑到非洲各个经济共同体内成员国之间法律的多样化，法律一体化更显紧迫和重要。

法律的多样性在非洲显得尤为突出，以至于有学者称"非洲几乎是全人类独一无二的世界法律万花筒"。② 非洲法律的多样性体现在三个方面：一是单个国家内部法律的多样性；二是非洲国家之间法律的多样性；三是非洲国家和其他大陆国家之间法律的多样性。③ 对于致力于地区一体化的非洲国家而言，尤其应当关注非洲国家之间法律多样性这一问题。

---

① 如南部非洲发展共同体的成员国赞比亚、塞舌尔、斯威士兰、安哥拉同时是东南非共同市场的成员国。西非国家经济货币联盟的成员国贝宁、布基纳法索、科特迪瓦、马里、尼日尔、塞内加尔、多哥同时是西非国家经济共同体的成员国。布隆迪、卢旺达同时是东非共同体和东南非共同市场的成员国。

② 洪永红、夏新华：《非洲法导论》，湖南人民出版社，2000 年第 1 版，"序言"第 5 页。关于非洲法律的多样性还可参见 Gorden R. Woodman, "Legal Pluralism and the Search for Justice", *Journal of African Law*, vol. 40, 1996, pp. 152 – 167。

③ Gbenga Bamodu, "Transnational Law, Unification and Harmonization of International Commercial Laws in Africa", *Journal of African Law*, vol. 38, 1994, p. 125.

长期的殖民统治对非洲各国的法律造成深刻影响，独立后非洲国家基本上都沿用了前殖民国家的法律制度。从法系的角度看，非洲既有普通法系国家如尼日利亚、加纳、乌干达、肯尼亚、冈比亚、塞拉利昂等，也有大陆法系国家如贝宁、马里、毛里塔尼亚、尼日尔、塞内加尔、多哥、布基纳法索等，此外还有混合法系国家如喀麦隆以及包括南非在内的一些南部非洲国家。① 这些不同法系的非洲国家之间的法律必然存在着巨大的不同。即使是同一法系的国家之间，由于不同国家殖民统治的影响，它们的法律制度也有很大差异。如塞拉利昂和坦桑尼亚同属普通法系国家，但塞拉利昂法律深受美国法律影响，而坦桑尼亚法律还受到德国法律影响。

非洲的一些经济共同体往往由具有不同法律背景的国家组成。如南部非洲发展共同体既有普通法系成员国如坦桑尼亚、毛里求斯等，也有大陆法系成员国如安哥拉、莫桑比克、刚果（金）等，还有混合法系国家如南非、斯威士兰、博茨瓦纳等；西非国家经济共同体既有普通法系成员国如尼日利亚、加纳等，也有大陆法系成员国如几内亚、尼日尔、科特迪瓦等。非洲其他一些地区性组织如东非共同体、东南非共同市场、非洲商法协调组织等也存在同样的情况。

共同体内成员国之间法律的多样性是共同体发展的一个主要障碍。这是因为法律的多样性会影响法律的确定性与可预见性，从而造成商事交易的不可预测性。法律的多样性还造成当事人不易了解相关法律的内容，在出现商事争议时，容易导致诉讼程序的拖延。此外，法律的多样性还容易给判决的承认与执行带来障碍，不利于保护商事交易当事人的权利。由法律多样性所造成的法律与司法的不确定性不仅影响了非洲内部各国之间、非洲国家与其他大陆国家之间贸易的发展，也在一定程度上阻碍了非洲经济一体化目标的实现。如果没有一个共同的法律基础，创建一个共同的市场的目标是不可能实现的。市场经济意味着资本、货物和服务的自由流

---

① 关于非洲法律制度的变迁，参见洪永红、夏新华等：《非洲法导论》，湖南人民出版社，2000 年第 1 版，第 17～42 页。

通，它必须建立一个平等对待所有参与者的法律环境。"如果非洲国家意图根据欧盟的模式建立某种形式的经济共同体，那么他们将不可避免地必须在共同法律制度问题上达成一致。"①

虽然法律的多样性已经成为非洲经济发展的一个重要障碍，但长期以来它没有得到非洲国家的正确对待。著名非洲法专家阿洛特（Antony Allot）教授曾在非洲国家独立后提出过对非洲国家法律进行协调化的问题，他认为"进行法律一体化或统一化的行动是国家独立的产物，是希望建设国家，引导具有不同法律的各团体走向共同命运的结果"。② 由于当时非洲国家主要关注单一国家内的法律冲突，而对非洲国家间的法律冲突问题没有给予太多重视。不过，现在非洲国家已经认识到，最大可能地努力消除各种形式的法律冲突问题符合自己的利益。③ 因此，"他们现在都高谈着寻求法律统一的决心"，④ 并已采取了一些实际措施进行商业领域法律的统一与协调。

至少非洲法郎区国家在这方面已迈出了可喜的一步。由法律的多样化、分散化和陈旧化所带来的立法和司法的不安全性问题在非洲法郎区国家更为明显，因此，非洲法郎区国家的领导人对这一问题尤为关注。非洲法郎区国家曾受法国殖民影响而在不同时期继受了法国的法律制度，独立后，它们又根据各自国情修改或废除了相关领域的法律制度。这就导致不同非洲法郎区国家的法律存在不协调、陈旧过时和模糊不清等问题。正如柯巴·姆贝耶法官形象地描述的那样："这些法律就如同化装成衣冠不整的小丑一样在（非洲）法郎区的 14 个国家里招摇过市。除了这些法律文

---

① 奥古斯都·加西亚：《法律协调与经济发展：以非洲为背景的分析》，肖伟志译，载萨尔瓦多·曼库索、洪永红主编《中国对非投资法律环境研究》，湘潭大学出版社，2009 年 6 月第 1 版，第 132 页。

② Antony Allot, "Towards the Unification of Laws in Africa", *International Comparative Law Quartly*, vol. 14, No. 2, 1965, p. 378.

③ 萨尔瓦多·曼库索：《非洲合同法的趋势》，朱伟东译，《湘江法律评论》2009 年第 8 卷，第 4 页。

④ Kéba M'Baye, "The African Conception of Law", *International Encyclopaedia of Comparative Law*, Chapt. 1, vol. 2, 1975.

本的多样性外，我们同样可以注意到它们与当前经济背景的不相适应。"①
1993 年 4 月他在阿比让参加一次学术研讨会时，再次谈起非洲法郎区国家法律存在的上述问题及其对该地区投资的影响："一方面，我们的法律拥有一个共同的特征，那就是非常分散和杂乱，这是我们前进的一个消极因素，而这恰恰是我们的通病"；"另一方面，国家层面的法律颁布以后，往往调整同一个领域的其他相关法律却并没有予以废除，由此导致国家法律的部分重叠。这些非洲商人因而经常为那些可适用法律规则的不确定性而感到苦恼。对于投资者来说，这种法律的不安全性是一个非常严重的障碍……"②

　　此次会议上另一位与会人员马丁·格西（Martin Kirsch）在对非洲法郎区国家的可适用的公司法规进行分析后指出，"大家对这方面的形势所做的全体一致的评判可以用下列词语进行归纳：法律与司法的不安全性"。③ 法律的不安全性是由可适用的有关商事法律文本都已陈旧过时而造成的，商人和法律实务工作者为了获得或知晓这些法律文本经常会面临诸多困难；而司法的不安全性则是由法官和司法辅助人员获得的培训不足以及司法机关人力和资源不足造成的，主要表现为案件久拖不决、裁判不可靠、执行不力、司法职业行为规范不受重视等。法律和司法的不安全性所产生的一个直接后果是，人们对非洲法郎区国家的司法体制失去信心，导致投资者在向这些国家投资时犹豫不决。④ 因此，为了消除非洲法郎区国家法律的多样性，创造一个安全的法律和司法环境，从而吸引外资，促进本地区的经济发展，实现地区一体化，就需要首先对本地区的法律进行一体化，而成立非洲商法协调组织则是实现这一目标的第一步。

---

① 阿鲁赛尼·穆鲁：《理解非洲商法协调组织》，李伯军译，湘潭大学出版社，2016 年 10 月第 1 版，第 4 ~ 5 页。

② 阿鲁赛尼·穆鲁：《理解非洲商法协调组织》，李伯军译，湘潭大学出版社，2016 年 10 月第 1 版，第 5 页。

③ Martin Kirsch, Historique de l'OHADA, *Penant*, No. 827 mai-Août 1998, p. 129, 转引自阿鲁赛尼·穆鲁：《理解非洲商法协调组织》，李伯军译，湘潭大学出版社，2016 年 10 月第 1 版，第 6 页。

④ 阿鲁赛尼·穆鲁：《理解非洲商法协调组织》，李伯军译，湘潭大学出版社，2016 年 10 月第 1 版，第 6 ~ 7 页。

二　经济全球化是非洲商法协调组织成立的根本原因

正如经济全球化势不可当一样，法律的统一化、协调化运动是当今国际社会法律发展的一大趋势和特点，具有历史的必然性，其成因是多方面的，而经济全球化是其根本原因。① 随着经济全球化进程的不断加速和深化，各国之间的联系和交往日益频繁，跨国民商事关系以前所未有的数量发生，国际经济竞争日益激烈，各国为了吸引国际资金、技术和人员流向本国，就不得不改善其国内法律环境，这样就需要各国法律之间互相交流，互相借鉴，这就有利于各国法律消除差异，趋向统一；而就整个国际社会来看，要谋求共同发展，保证国际社会正常的经济贸易活动的安全，进一步推动国家经济贸易交往的扩张和深化，就需要制定更多的国际条约来规范国际商事关系，努力建立起反映国际经济新秩序的国际法律环境。法律的统一化、协调化正是在各国竞相改善国内、国际法律环境的活动中出现的。

世界范围内法律的统一化、协调化首先表现在民商法领域。经济全球化意味着不同国家的商人的交易的增多，为了降低交易风险，保障预期利益，就需要为商人之间的跨国交易设立规则，进而推动世界范围内商法规则的统一。② 因为"协调化的法律规则能降低交易成本，并因此促进国际贸易和商业的发展"。③ 在过去几十年里，国际商法的统一化进程已取得快速发展。其主要表现为：一是商人通过自己的机构如国际商会等创设或统一了大量的商法规则；二是各国通过国内立法制定出与多数国家相一致的法律规范，从而使商事法律规范趋向统一；三是国际社会通过制定大量的调整有关国际商事关系的国际公约，推动了国际商法的统一化进程。

---

① 郭玉军：《经济全球化与法律的协调化、统一化》，《武汉大学学报》（社会科学版）2001年第2期，第156页。

② 车丕照：《经济全球化趋势下的国际经济法》，《清华大学学报》（哲学社会科学版）2001年第1期，第45页。

③ Katharina Pistor, "The Standardization of Law and Its Effect on Developing Economies", *Journal of American Comparative Law*, vol. 50, 2002, p. 100.

经济全球化是不以任何一个国家的意志为转移的一种历史必然，这就意味着，处于边缘化状态的非洲国家根本无法回避经济全球化。[1] 为应对经济全球化的挑战，非洲国家积极推动市场的联合与扩大，而"市场的联合总是与努力对有关金融和贸易方面的法律进行协调的活动结伴而行"。[2] 非洲国家只有积极参与国际商法的统一化、协调化运动，才能最大限度地利用经济全球化的潜在好处，减少经济全球化的负面效应，才能更好地融入经济全球化的大潮中，避免被进一步边缘化的危险。

经过多年的努力，非洲国家在商法的区域性统一与协调方面取得了很大的成就。例如，1997 年 12 月，西非国家经济共同体正式推出共同体旅行支票，使成员国间的金融和贸易往来更为便利，从而向实现单一货币和关税同盟的战略目标迈出重要一步。西非国家经济共同体成员国为便利外国投资，决定制定共同体内统一破产法，形成统一的矿业政策；在东非，东非共同体国家除了一些特定货物外，开始互免关税。并且实现了货币的自由兑换，实施了商业银行营业标准化和资本账户自由化，成立了东非证券管理局；在南部非洲，南部非洲发展共同体国家在 1996 年 8 月就签署了关于实现地区贸易自由化的协议。根据协议，共同体成员国将在 8 年内分阶段逐步消除货物与服务贸易关税和壁垒，提高贸易自由化程度；在东南部非洲，东南非共同市场国家建立了贸易信息网，简化了成员国间的过境手续。为鼓励外资进入，东南非共同市场国家放宽了原产地原则，外国独资产品也能享受共同体的优惠关税，只要产品符合共同体原产地四条原则中的一条。此外，共同体市场确定了 2020 年发行单一货币、建立货币联盟的新目标。[3] 特别是新成立的非盟还将设立立法机构——非洲议会以及非洲法院、中央银行、非洲货币基金组织、非洲投资银行等机构，这将有力地推动非洲范围内国际商法的统一与协调。

在上述背景下，非洲法郎区国家成立非洲商法协调组织也是为了对该

---

[1] 李智彪：《经济全球化与非洲》，《西亚非洲》2000 年第 1 期，第 31 页。

[2] Rodolf Sacco, "Diversity and Uniformity in the Law", *Journal of American Comparative Law*, vol. 49, 2001, p. 172.

[3] 姚桂梅：《全球化中的非洲地区一体化》，《西亚非洲》1999 年第 5 期，第 13 页。

地区的商法进行统一化和协调化，扩大本地区市场，积极融入经济全球化之中。非洲商法协调组织在推动法律一体化，扩大地区市场，从而有效融入全球经济方面所发挥的作用也得到非洲开发银行的认可："经济合作和地区一体化为经济发展提供了难得机遇，有助于本地区成员国克服国内狭小市场的限制，促进非洲间贸易的发展，并为非洲经济融入全球经济带来诸多良机。地区合作和地区一体化的实现，仰赖于一个能够增进权责清晰、公开透明的运行环境。此外，建立地区和国内层次的稳定制度性框架，对于顺利地将地区性协议转化为国内政策至关重要。同时，对各国政策进行协调，并制定有效的跨国执行机制，也为在地区层次上推动有助于实现良治的改革提供了机会。例如，制定地区性法律制度并建立相关的司法机构（非洲商法统一组织）正在被证明不失为一种改善私营部门发展的地区性环境的有效手段。"[1]

三　推动非洲商法协调组织成立的便利因素

阿瑟·罗塞特（Arthur Roset）教授认为推动国际商法统一化、协调化运动的两大动力是：共同的商业文化和共同的法律文化、法律教育。[2]由于非洲大陆具有不同的语言、文化，并且鉴于非洲国家法律制度的多样性，人们不免会提出这样的问题：在非洲进行国际商法的统一与协调是否可行？语言问题如何克服？普通法法律制度如何与大陆法和混合法法律制度进行协调？有学者认为这些问题不会妨碍非洲国际商法的统一与协调。其理由是，有一些包含于国际文件中或作为国际商业惯例的一部分而适用的法律原则普遍地适用于具有不同的语言、文化和法律制度的国家中，这就是国际商法得以统一和协调的最简单的原因。国际贸易关涉所有现代国家，而不论其国内语言、文化或法律制度如何，它是一个全球性概念。他还认为在制定构成法律协调核心的规范性规则过程中，有关语言的差异问

---

[1] 《非洲发展银行关于良治的集体政策》，2000，第 6 章第 34 段，转引自鲍里斯·马特等《非洲商法：OHADA 与统一化进程》，朱伟东译，英国全球市场简报出版公司，2008 年版，第 1 页，注 1。

[2] Arthur Roset, op. cit. , pp. 694 – 695.

题可通过创造性的解释和起草工作予以克服。至于法律制度的多样性问题可通过各国的合作与妥协，对共同的问题要设计并采纳有效的、可接受的解决办法来克服，并且法律制度的多样性对实现法律协调也有积极的一面，如前所述，非洲国家的法律制度可分为普通法、大陆法和混合法，这就意味着有可能把法律制度非常相似的、容易达成协调的非洲国家分成两个或三个区域，先进行区域性国际商法的统一与协调。①

密歇尔·阿里奥（Michael Alliot）教授也认为，非洲存在的种族、宗教、语言、法律、经济的多样性是非洲法律统一的障碍，不过，非洲也存在有利于法律统一的因素：非洲国家要解决的问题具同一性，如非洲国家都面临着经济发展问题，因此他们必须致力于消除不利于经济发展的法律的多样性；通过立法对法律进行重大修改的可能性，如 1960 年埃塞俄比亚民法典的制定，1964 年象牙海岸婚姻法的制定等；存在着可供借鉴进行法律统一的例子，如喀麦隆国内普通法与大陆法的统一与协调。② 还有学者认为非洲法律的统一将会自然地形成。③

就非洲法郎区国家而言，上述有利于商法协调化和统一化的因素都存在。在非洲 14 个法郎区国家中，④ 除喀麦隆的官方语言是英语和法语两种语言外，其他 13 个国家的官方语言都是法语。在这些国家中，只有喀麦隆具有大陆法和普通法两种法律传统，而其他 13 个国家都是大陆法传统国家，它们基本上都继受了法国的法律制度。这些国家自 20 世纪 80 年代以来，都经历了外资减少、经济持续衰退的时期，它们迫切希望通过对本地区的商法进行统一化和协调化来消除法律的多样性，提

---

① Gbenga Bamodu, op. cit. , pp. 132 – 133.

② Michel Alliot, "Problems De l'Unification Des Droits Africains", *Journal of African Law*, vol. 11, No. 2, 1967, pp. 88 – 91.

③ Kéba M'Baye, "The African Conception of Law", *International Encyclopaedia of Comparative Law*, Chapt. 1, vol. 2, 1975, p. 156.

④ 非洲法郎区目前包括西非经货联盟的 8 个成员国（贝宁、布基纳法索、科特迪瓦、几内亚比绍、马里、尼日尔、塞内加尔及多哥）与中非经货共同体的 6 个成员国（喀麦隆、中非、刚果、加蓬、赤道几内亚与乍得）以及科摩罗。法国银行和西非有关各国银行是西非法郎的共同发行部门。西非法郎是法国和西非 8 国之间金融、经济合作的重要工具。

高法律和司法的安全性，增强投资者的信心。正如穆鲁先生所指出的，共同的官方语言、共同的伊斯兰宗教和共同的法律传统的存在，是法律一体化得以成功的有利条件，对于非洲法郎区国家来说，几乎所有这些条件都聚到了一起。①

当然，非洲商法协调组织的成立还归功于一些法律人士的远见以及许多人为推动地区一体化孜孜不倦的努力。这其中必须提到的一位人士是柯巴·姆贝耶法官。姆贝耶先生曾担任塞内加尔最高法院法官、联合国国际法院副院长。早在非洲独立浪潮风起云涌之时，姆贝耶法官就试图说服新独立的非洲国家政府采用统一化的法律制度。② 20世纪90年代以后，随着非洲国家对法律一体化的重新关注，姆贝耶法官就一直呼吁法语非洲国家对商法进行协调，并身体力行地参与其中。他曾担任负责非洲商法协调组织项目实施的指导委员会主席，亲自参与了非洲商法协调组织首批法律文本的起草。此后他还担任了非洲统一法律协会（Association pour l'unification du droit en Afrique，UNIDA）会长一职，继续殚精竭虑地支持非洲商法协调组织的活动。可以说，姆贝耶法官为非洲商法协调组织的成立立下了汗马功劳，不愧为"非洲法律一体化的伟大创始人"。

不过，正如迪克森教授指出的，如果没有其他人的群起相应，再好的蓝图也终将是海市蜃楼。③ 姆贝耶法官之所以能够"梦想成真"，一是他和非洲商法协调组织的其他推动者很好地利用了非洲一体化这一重要的发展潮流，二是成立非洲商法协调组织的构想也得到了非洲法郎区国家领导人的关注和支持。非洲商法协调组织作为一个超国家的地区性组织，成员国需要向其让渡部分主权，如果没有成员国政府的支持，成立这样的组织

---

① 阿鲁赛尼·穆鲁：《理解非洲商法协调组织》，李伯军译，湘潭大学出版社，2016年10月第1版，第12页。

② 克莱尔·莫尔·迪克森编《非洲统一商法：普通法视角中的OHADA》，朱伟东译，中国政法大学出版社，2014年5月第1版，第一版序，第3~4页。

③ 克莱尔·莫尔·迪克森编《非洲统一商法：普通法视角中的OHADA》，朱伟东译，中国政法大学出版社，2014年5月第1版，第一版序，第4页。

就是异想天开。作为一名塞内加尔的职业外交官，穆鲁先生对此有着清醒的认识："如果各国政府当局对此没有任何政治意愿的话，这种一体化类型的构建不知道是否能得以长久地存在和发展下去。如果考虑一体化进展的速度问题，非洲商法协调组织方案在这方面确实已经取得了很大的成功，同时在这个过程中所引发的热情使得非洲商法协调组织已经在法律一体化的道路上前进，这使我们想到各国的政治意愿确实是一个非常现实的问题。"①

第二节　非洲商法协调组织的成立过程

从提出法律协调化的构想到非洲商法协调组织的成立，这中间经历了漫长的过程。根据相关事件发生的顺序，可将非洲商法协调组织的成立过程大致分为以下几个阶段：酝酿阶段、筹备阶段、条约签署阶段以及条约生效阶段。②

一　酝　酿　阶　段

前已提及，早在非洲国家独立时，就有非洲学者呼吁对法律进行统一化和协调化。1963 年 5 月，在由法国著名比较法学家勒内·达维德主持召开的非洲各国司法部长会议上，对非洲各国法律进行协调的建议被明确提出。此后，这一设想经过非洲各国法学家的广泛讨论，并最终促成非洲及毛里求斯联盟（L'Union Africaine et Mauricienne，UAM）和非洲及马达加斯加共同体组织（L'Organisation Commune Africaine et Malgache，OCAM）的设立。非洲及马达加斯加共同体组织成员国之间签署的《关于司法合作的一般公约》第 2 条规定："为了协调它们各自的商业法律，并使这些法律的内容及适用保持协调一致，本条约的缔约方承诺接受本条约的所有

---

① 阿鲁赛尼·穆鲁：《理解非洲商法协调组织》，李伯军译，湘潭大学出版社，2016 年 10 月第 1 版，第 13 页。

② 有关该组织的成立过程，参见阿鲁赛尼·穆鲁：《理解非洲商法协调组织》，李伯军译，湘潭大学出版社，2016 年 10 月第 1 版，第 14～18 页。

条款。"1975 年 7 月签署的有关设立非洲及毛里求斯联盟的条约第 3 条规定成立一个非洲与毛里求斯立法研究局，以帮助成员国协调各自的法律规则。但由于这两个组织没有得到成员国政府的充分信任，它们的工作并没有得到有效开展。不过，有关非洲法律协调的构想却在多年后被人重新提起。

二 筹备阶段

自 20 世纪 80 年代以来，非洲大陆经历了严重的经济危机。许多非洲国家开始反思本国的法律制度是否有利于商业的发展，但直到 20 世纪 90 年代初期，有关法律协调化的观念才再次引起人们的关注。1991 年 4 月，非洲法郎区财政部长会议在布基纳法索首都瓦加杜古召开，各国代表开始探讨非洲商法协调化方案。同年 10 月，在巴黎召开的非洲法郎区财政部长会议上，与会代表决定成立一个由 7 个成员国代表组成的"考察团委员会"，以对成员国的商法立法及实施状况进行考察。这个委员会的代表主要由来自 7 个成员国的商法专家和法学家组成，委员会的主席由柯巴·姆贝耶先生担任。1992 年 3 月至 9 月，考察团委员会成员到非洲法郎区不同成员国进行了调研。1992 年 9 月 17 日，柯巴·姆贝耶先生代表考察团委员会向非洲法郎区财政部长会议汇报了有关法郎区各国商法立法和实施状况的报告，并提出了完善法郎区商法立法和司法的建议方案。1992 年 10 月 5 日至 6 日，法国及非洲各国首脑会议在加蓬首都利伯维尔召开。在此次会议上，各国首脑及其代表团"最终同意了由法郎区各国财政部长提出的商法协调方案，并且决定即刻着手实施这一方案，还要求各国的财政部长及所有相关国家的司法机构将其列入优先考虑的事项"。同时，非洲法郎区国家首脑们采纳了上述 7 位专家组成的委员会所提出的建议方案，并任命其中 3 位专家组成理事会，专门负责协调非洲商法协调条约的起草准备工作。该理事会由姆贝耶法官担任主席，其他两名成员分别是法国最高法院的名誉法律顾问、巴黎律师公会律师马丁·格西先生以及法国国家委员会诉讼部门主任米歇尔·让多。在同年 12 月在达喀尔召开的非洲法郎区司法部长会议上，各国司法部长要求理事会筹备未来的《非洲

商法协调条约》，并且就各国商法领域需要优先考虑进行协调的事项列出一份清单。

三　条约起草及签署阶段

为了广泛听取非洲法郎区国家有关本地区商法协调的意见，1993 年 4 月在科特迪瓦首都阿比让专门召开了一次有关商法协调的研讨会。在此次研讨会上，与会各国代表深入探讨了三人理事会所设想的各种法律文本的准备方面的技术性工作，还建立了由成员国代表组成的国家委员会，以协助商法协调的各项工作。同年 7 月在加蓬首都利伯维尔召开的法郎区各国司法部长会议上，理事会提交了有关非洲商法协调的条约草案。1993 年 9 月 21 日至 22 日，在阿比让召开的法郎区各国司法部长和财政部长联合会议上，《非洲商法协调条约》草案最终得以定稿。

1993 年 10 月 17 日，在毛里求斯路易港召开的具有法国共同商议惯例的非洲国家会议上，《非洲商法协调条约》草案文本被提交给与会国家首脑签署。当时，14 个法郎区非洲国家即贝宁、布基纳法索、喀麦隆、中非共和国、科摩罗、刚果（布）、科特迪瓦、加蓬、赤道几内亚、马里、尼日尔、塞内加尔、乍得以及多哥全都签署了该条约。几内亚和几内亚比绍随后加入了该条约。这样，《非洲商法协调条约》的最初成员国就有 16 个。[①] 这 16 个国家中，除几内亚外，都是法郎区成员国。除分别说西班牙语和葡萄牙语的赤道几内亚和几内亚比绍以及喀麦隆说英语的省份外，非洲商法协调组织的成员国全部是法语国家。而且，除喀麦隆说英语的省份具有普通法传统外，其他成员国都具有大陆法传统。

四　条约生效阶段

1993 年的《非洲商法协调条约》第 3 条规定，条约所设定的各项

---

① 刚果（金）在 2012 年 9 月 13 日加入非洲商法协调组织，成为该组织的第 17 个成员国。刚果（金）的官方语言是法语，但它不是非洲法郎区成员国。

任务应由非洲商法协调组织负责推进。在条约签署后，为了使非洲商法协调组织尽快开展工作，条约签署国又马不停蹄地推动该组织各个机构的设立。1994 年 10 月底，条约签署国的司法部长在多哥首都洛美召开会议，审查了关于建立地区高等司法培训学校以及筹建非洲商法协调组织其他相关机构的方案。1994 年 11 月 8 日，在法国比亚利兹召开的法国与非洲国家首脑会议上，《非洲商法协调条约》签署国强调了条约的重要性，并就非洲商法协调组织各个机构所在地的确定进行了讨论。1995 年 2 月，在中非共和国首都班吉召开的条约签署国司法部长会议上，与会代表们最终确定了非洲商法协调组织各个机构的所在地。

1993 年《非洲商法协调条约》第 52 条规定了该条约生效的条件。根据该条规定，本条约应由签署国根据各自的国内宪法程序予以批准。条约自第 7 份批准文书缴存之日起 60 天后生效。但如果本条约的第 7 份批准文书的缴存日期先于条约签署后的第 180 日，则条约自其签署之日后的第 240 天起生效。1995 年 7 月 18 日，尼日尔向条约文本保管国塞内加尔缴存了第 7 份批准文书。根据条约的上述规定，该条约自 1995 年 9 月 18 日开始生效。

对于条约生效后加入该条约的国家，1993 年《非洲商法协调条约》第 53 条规定了该条约及根据该条约通过的相关统一商法对这些国家生效的条件。根据第 53 条规定，本条约一俟生效，即对不是本条约签署国的所有非盟成员国开放。对于不是非盟成员的其他非洲国家，一经本条约所有缔约国的一致邀请，也可加入本条约。对于新加入的成员国，在其加入前就已通过的本条约及相关统一商法自其加入书缴存之日起 60 天后对其生效。

1993 年《非洲商法协调条约》第九章规定了条约的修正与退出。根据该条约第 61 条，本条约可以根据规定的程序得到修正或修订，条约的修正或修订应根据条约所规定的同样方式予以通过。但该条规定并没有规定条约修正案的生效条件，看来条约修正案的生效条件要依据每一修正案的具体要求而定。2008 年 10 月 17 日，非洲商法协调组织成员国国家首

脑在加拿大魁北克签署了《非洲商法协调条约（修正案）》。① 该修正案对 1993 年条约中的第 3、4、7、9、12、14、17、27、31、39、40、41、42、43、45、49、57、59、61、63 条进行了修正。根据 2008 年《非洲商法协调条约（修正案）》第 2 条，条约修正案自第 8 份批准书缴存之日起 60 天后生效。塞内加尔在 2010 年 1 月 20 日缴存了第 8 份批准书，因此，修正后的条约已自 2010 年 3 月 22 日起生效。根据修正后的条约第 62 条，本条约无限期有效，成员国不得在条约生效之日起十年内以任何理由退出该条约。

第三节　非洲商法协调组织的功能和地位

根据 2008 年修正后的《非洲商法协调条约》第 3 条规定，《非洲商法协调条约》所设定的各项任务应由非洲商法协调组织负责实现。而根据该条约第 1 条，条约的目的是通过制定和采纳简单、现代并能适应成员国经济现实的统一规则，构建适当的司法程序，以及鼓励通过仲裁解决合同争议的方式，对成员国的商法进行协调。从该条规定来看，条约的任务主要有三项：立法任务、司法任务以及推动仲裁解决合同争议。为此，非洲商法协调组织就需要设立相应的机构和机制来实现上述任务。对于立法任务，《非洲商法协调条约》第 2 条明确列举了应通过统一法予以调整的商法范围，这些商法范围包括公司法、商人法律地位、债务追偿、担保、判决执行、企业重整、司法清算程序、仲裁法、劳动法、会计法、运输法和买卖法的所有法律，还包括非洲商法协调组织部长委员会根据本条约目的及有关规定一致决定应包括在商法范围内的任何事项。可见，《非洲商法协调条约》所规定的商法的立法范围十分宽泛。

为了确保非洲商法协调组织能够有效发挥功能，切实履行上述各项职

---

① 该条约修正案的法语文本可在非洲商法协调组织网站找到：http：//www.ohada.com/traite/937/traite－portant－revision－du－traite－relatif－a－l－harmonisation－du－droit－des－affaires－en－afrique.html。

责,《非洲商法协调条约》对其作为地区性国际组织的法律地位以及它为履行职责所享有的特权与豁免做了明确规定。作为一个独立的国际组织,非洲商法协调组织具有完全的国际法律人格,即它在国际交往中享有相应独立的权利能力和行为能力。具体而言,根据条约规定,它特别具有下列能力:缔约;取得并处置动产和不动产;起诉和应诉。① 和其他国际组织一样,为了能够适当履行其职务,非洲商法协调组织在成员国境内享有特权与豁免,它的财产和资产不得被采取司法措施,除非它主动放弃司法豁免。② 此外,非洲商法协调组织的档案无论位于何处,不受侵犯。③ 非洲商法协调组织的官员、雇员、司法与仲裁共同法院的法官以及在仲裁程序中被指定或任命的仲裁员在履行职务过程中,也享有外交特权与豁免。不过,非洲商法协调组织部长委员会可在适当情况下撤销有关人员的特权与豁免。④

① 《非洲商法协调条约》第 46 条(若未经特别注明,都是指 2008 年修正后的条约。下同)。

② 《非洲商法协调条约》第 47 条、第 48 条。

③ 《非洲商法协调条约》第 50 条。

④ 《非洲商法协调条约》第 49 条。

第二章

非洲商法协调组织的机构

    非洲商法协调组织是一个地区性国际组织,为了实现《非洲商法协调条约》赋予的各项任务,它必须设立相应的机构。《非洲商法协调条约》第55条规定,本条约一旦生效,第27～41条所规定的机构就应设立。该条约第27～41条专门就组织机构做了具体规定。根据这些规定,非洲商法协调组织的组成机构有国家和政府首脑大会、部长委员会、司法与仲裁共同法院、常设秘书处和地区高等司法培训学校。下面将具体分析每一机构的构成及职能。

第一节　国家和政府首脑大会

    国家和政府首脑大会(La Conférence des Chefs d'Etat et de Gouverment)是根据2008年修正后的《非洲商法协调条约》的规定所成立的一个新的的机构。此前1993年的《非洲商法协调条约》并没有规定这一机构。成立这一机构,一是为了弥补非洲商法协调组织之前不存在一个最高权力机构的缺陷;二是为了通过这一机构减轻部长委员会所面临的政治压力。[①] 如果不设立这样的机构,涉及条约修正等此类重大问题就无法进行。因为《非洲商法协调条约》是由国家和政府首脑会议通过的,此类条约的修正相应地也应由此类机构通过。作为一个超国家的地区性组织,即使其职能仅限于制定和实施商法,也会不可避免地遇到很多政治方面的问题,甚至

---

① 克莱尔·莫尔·迪克森编《非洲统一商法:普通法视角中的OHADA》,朱伟东译,中国政法大学出版社,2014年5月第1版,第37～38页。

会引起成员国之间政治关系的紧张和冲突，而此类问题也只能由成员国的国家和政府首脑协商解决更为合适。

根据《非洲商法协调条约》第27条规定，非洲商法协调组织的国家和政府首脑大会由成员国的国家和政府首脑组成。每次大会的召开由担任部长委员会主席国的成员国的国家和政府首脑主持。国家和政府首脑大会可以决定涉及条约的所有问题，包括条约的修正与修订。经部长委员会主席国或三分之一成员国的提议，可以召集国家和政府首脑大会。但只有三分之二的成员国代表与会时，国家和政府首脑大会才能有效召开。国家和政府首脑大会的决议应协商一致通过，在无法取得协商一致时，应由出席会议的成员国代表的绝对多数表决通过。会议的这种表决程序有利于通过的决议取得成员国的认同和支持，同时又可以避免因绝对的协商一致导致某些决议无法通过，很好地实现了原则性和灵活性的结合。

第二节　部长委员会

部长委员会（le Conseil des Ministres）是非洲商法协调组织的一个重要机构。与其他国际组织的部长委员会相比，它在组成和职权范围方面显得独树一帜。

一　部长委员会的组成

根据《非洲商法协调条约》第27条规定，非洲商法协调组织部长委员会由各个成员国的司法部长和财政部长组成。这样的混合构成方式十分独特，因为其他地区性国际组织的部长委员会一般都是由相同部门的部长组成。穆鲁先生认为，非洲商法协调组织部长委员会之所以采用这种混合型组成方式，可能是出于下列三种原因：一是历史原因。这是因为对非洲法郎区国家的商法进行协调的方案首先是由该地区各国的司法部长提出来的，然后这一方案又经过各国财政部长的讨论和修正，这样的工作需要双方的共同参与；二是与商法相关的各个领域的事项同时在经济和金融领域占据重要地位，所以商法事项的协调需要财政部门的配合；三是出于现实

的考虑。财政部长们的参与可以使他们关注非洲商法协调组织的未来发展，以免该组织因可能的财政或金融困难而陷入瘫痪。因此，非洲商法协调组织部长委员会的这种混合型组成方式，表明了各成员国首脑试图将该组织建设成为一个技术完备和运行良好的一体化工具的政治意愿。"实际上，基于制定的各种统一法，部长委员会中司法部长的存在就是为人们尊重法律规范提供担保，如同财政部长的存在就是为了在经济和财政方面提供担保一样。"①

二 部长委员会的职权范围

综合《非洲商法协调条约》的所有相关规定来看，部长委员会在非洲商法协调组织中主要发挥两大职能：行政或监管职能以及立法职能。

（一）行政或监管职能

部长委员会的行政或监管职能主要体现在下列各项职权中。

➤ 批准任何与实施《非洲商法统一条约》有关的规章；②

➤ 请求司法与仲裁共同法院就有关《非洲商法协调条约》、统一法的事项发表咨询意见；③

➤ 批准司法与仲裁共同法院的程序规则；④

➤ 决定司法与仲裁共同法院的法官数量；⑤

➤ 选举司法与仲裁共同法院的成员；⑥

➤ 任命常设秘书处常务秘书及地区高等司法培训学校校长；⑦

➤ 决定常设秘书处和地区高等司法培训学校的机构和职能等事项；⑧

---

① 阿鲁赛尼·穆鲁：《理解非洲商法协调组织》，李伯军译，湘潭大学出版社，2016 年 10 月第 1 版，第 34 ~ 35 页。

② 《非洲商法协调条约》第 4 条。

③ 《非洲商法协调条约》第 14 条第 2 款。

④ 《非洲商法协调条约》第 19 条第 1 款。

⑤ 《非洲商法协调条约》第 31 条第 1 款。

⑥ 《非洲商法协调条约》第 32 条。

⑦ 《非洲商法协调条约》第 40 条、41 条。

⑧ 《非洲商法协调条约》第 40 条、41 条。

> 决定成员国缴纳的年金数额；①
> 代表非洲商法协调组织接受馈赠和遗赠；②
> 通过非洲商法协调组织的年度财政预算；③
> 任命审计员对非洲商法协调组织的年度财务报表进行审计，并批准审计结果；④ 以及决定撤销非洲商法协调组织相关人员的外交特权与豁免。⑤

（二）立法职能

部长委员会的立法职能主要体现在以下领域。

> 批准统一商法的年度规划方案；⑥
> 审议并通过统一法草案；⑦
> 决定将统一法草案列入部长委员会议事日程；⑧
> 表决通过统一法最终草案文本；⑨
> 批准对统一法的修改。⑩

关于统一法的详细制定程序，在后文会有详细分析。

三　部长委员会的议事程序

部长委员会会议由部长委员会主席主持。部长委员会主席由各个成员国按照国名字母顺序轮流担任，任期一年。常设秘书处协助部长委员会主席开展各项工作。对于后加入《非洲商法协调条约》的国家在第一次担任部长委员会主席时，应在该条约的最初签署国轮流担任完部长委员会主席后，按照它们的加入顺序来确定。如果某一成员国在规定的自己任期内

---

① 《非洲商法协调条约》第43条第1款。
② 《非洲商法协调条约》第43条第2款。
③ 《非洲商法协调条约》第45条第1款。
④ 《非洲商法协调条约》第45条第2款。
⑤ 《非洲商法协调条约》第49条第2款。
⑥ 《非洲商法协调条约》第11条。
⑦ 《非洲商法协调条约》第6条。
⑧ 《非洲商法协调条约》第7条第4款。
⑨ 《非洲商法协调条约》第8条。
⑩ 《非洲商法协调条约》第12条。

无法担任主席一职，部长委员会会按照所规定的顺序指定排在其后的成员国担任部长委员会主席。对于部长委员会主席应由成员国的司法部长还是财政部长担任，条约没有做出明确规定。穆鲁先生认为，这一问题应由成员国根据实际情况来确定主席人选。如果会议的主题主要涉及法律问题，则可考虑由司法部长担任主席；如果会议的主题主要涉及经济或财政问题，则可考虑由财政部长担任主席。①

部长委员会每年至少召开一次会议，会议根据部长委员会主席或三分之一成员国代表的提议召开。每次会议至少有三分之二的成员国代表出席，才是有效的。② 每次会议的各项议程安排由部长委员会主席根据非洲商法协调组织常设秘书处的建议而定。③ 对于部长委员会的决议，每一成员国都有一票表决权。部长委员会做出的任何决定应获得出席会议并参与表决的成员国的多数票通过。④ 不过，对于统一法草案的表决，必须由出席会议并参与投票的所有成员国一致同意通过。⑤

第三节 司法与仲裁共同法院

对于一个致力于实现商法一体化的地区性组织来说，只是制定一套统一的商法规则还远远不够，还必须有一个共同的司法机构，来确保统一的商法规则得到统一的解释和适用，否则，如果任由成员国国内法院对这些统一的商法规则进行各自的解释和适用，法律一体化的目标就难以实现。非洲法郎区国家成立非洲商法协调组织就是为了解决本地区的法律和司法的不安全性问题，为此，这些国家在起草《非洲商法协调条约》时，就对非洲商法协调组织的司法机构进行过慎重的考虑和设计。可以说，司法

---

① 阿鲁赛尼·穆鲁：《理解非洲商法协调组织》，李伯军译，湘潭大学出版社，2016 年 10 月第 1 版，第 35 页。
② 《非洲商法协调条约》第 28 条。
③ 《非洲商法协调条约》第 29 条。
④ 《非洲商法协调条约》第 30 条。
⑤ 《非洲商法协调条约》第 8 条。

与仲裁共同法院（La Cour Commune de Justice et d'Arbitrage，CCJA）是非洲商法协调组织中一个非常重要的、富有创新性的机构，它在非洲商法协调组织制度中处于核心地位。

司法与仲裁共同法院早在 1996 年 7 月 22 日就开始在科特迪瓦的阿比让筹备运行工作，并于次年 4 月 4 日正式开始运作。《非洲商法协调条约》第三章"与统一法的适用和解释有关的诉讼"和第四章"仲裁"分别对其职责作了相应规定。它在行使职责时应遵守 1996 年 4 月 18 日在恩贾梅纳（乍得）由部长委员会通过的《司法与仲裁共同法院程序规则》以及 1999 年 3 月 11 日在瓦加杜古（布基纳法索）通过的《司法与仲裁共同法院仲裁规则》。①

司法与仲裁共同法院的总部设在阿比让。有人认为，这会给成员国当事人到该法院进行诉讼带来很大的不便利，特别是对于那些与科特迪瓦相距遥远的成员国的当事人来说。不过，根据《司法与仲裁共同法院程序规则》第 19 条，如果它认为必要，可在取得某一成员国事先同意，且不会给该国带来财政压力的情况下，在该成员国国内的任一地点召集会议，这可以在一定程度上减轻因距离遥远而给当事人带来的不便。

一　司法与仲裁共同法院的组成

司法与仲裁共同法院由部长委员会通过秘密投票选举的 9 名法官组成，任期 7 年，不得连任。作为候选人的成员国国民必须具备下列条件：至少有 15 年职业经验且在各自国内担任高级司法职位的法官；或是某一成员国律师协会会员并有至少 15 年执业经验的律师；或至少有 15 年职业经验的法学教授。而且法院的 9 名法官中至少有三分之一的成员是律师和法学教授。②

候选人名单由常务秘书根据成员国的提名拟定，每一成员国最多可以

---

① 《司法与仲裁共同法院仲裁规则》在 2014 年 1 月 30 日经过修订。最近的一次修订是在 2017 年 11 月 23 日。
② 《非洲商法统一条约》第 31 条。

提名 2 个候选人，但同一成员国任何时候只能有 1 名候选人担任司法与仲裁共同法院的法官。法官根据部长委员会的绝对多数票当选。司法与仲裁共同法院的院长和 2 名副院长依次由法官选举产生，任期 3 年半，不得连任。选举之日剩余职务期限不足该期间的法官可以当选，履职至其任职期限届满之日。

法官一旦当选，其职位不得撤销，并且在任职期间，他们享有外交特权与豁免。他们不得行使政治或管理职能，如果他们希望参加其他可收取报酬的活动，就必须取得司法与仲裁共同法院的批准。这些规定旨在确保法官具有一定程度的独立性。另外，司法与仲裁共同法院所具有的超国家性质也是为了保证法官公正司法，无须为自己国家的利益而行事。①

司法与仲裁共同法院有一个由书记官长负责的书记处。书记官长由司法与仲裁共同法院院长在征询该院的意见后，从成员国推荐的具有至少 15 年任职经历的书记官中任命。司法与仲裁共同法院院长在征询该院的意见后，还可任命该院的秘书长，以负责协助行使管理仲裁程序的职能。司法与仲裁共同法院院长还可根据书记官长和秘书长的建议，设立其他有关必要职位。②

二 司法与仲裁共同法院的职能

从司法与仲裁共同法院的名称上来看，它就兼有司法与仲裁的功能。实际上，根据《非洲商法协调条约》的规定，它也主要行使这两种职能。

（一）司法职能

就其司法职能而言，作为所有非洲商法协调组织成员国唯一的超国家法院，司法与仲裁共同法院一方面可以受理涉及统一法的诉讼，另一方面可以接受成员国或部长委员会的咨询请求，对《非洲商法协调条约》、统一法，或为实施条约而颁布的各类规章的适用做出统一的司法解释。因

---

① 鲍里斯·马特等：《非洲商法：OHADA 与统一化进程》，朱伟东译，英国全球市场简报出版公司，2008 年版，第 8 页。
② 《非洲商法协调条约》第 39 条。

此，司法与仲裁共同法院的司法职能主要体现为诉讼职能和咨询职能。

1. 咨询职能

根据《非洲商法协调条约》第 14 条第 2 款的规定，司法与仲裁共同法院可就下列事项发表咨询意见。

➤ 在统一法提交给部长委员会批准前对统一法草案发表咨询意见；[1]

➤ 对任何成员国或部长委员会有关《非洲商法协调条约》、实施该条约的规章、统一法的适用或解释的任何问题发表咨询意见；[2]

➤ 对成员国国内法院审理涉及非洲商法统一组织立法的适用及解释的案件发表咨询意见的管辖权。[3]

请求司法与仲裁共同法院出具咨询意见的申请应以书面形式提出，如有必要，请求方还必须附上所有相关文件，以有助于澄清所要解决的问题。如果是成员国或部长委员会请求该法院出具咨询意见，法院的书记官长在收到书面申请后会通知有关成员国，并在法院院长确定的期限内征求他们的意见。每一成员国做出的反馈意见都必须递交给其他国家，包括提出申请的成员国，从而可以在法院院长确定的期限内由申请国和其他提出反馈意见的国家就此进行讨论。在此期限内，如有必要，法院院长可以决定是否进行审理。如果是成员国的法院请求就涉及统一法适用的诉讼提供咨询意见，则司法与仲裁共同法院的书记官长在收到有关申请后，会通知诉讼当事方及有关成员国，以征求他们的意见，然后他必须着手处理来自于某一个成员国或部长委员会所提出的相关意见和要求。[4]

司法与仲裁共同法院出具的咨询意见中必须包括下列内容：法院最终做出的某种指示；发布法律咨询意见的日期；参加制定法律咨询意见的所有法官及书记官的姓名；提出该法律咨询意见的各种理由；以及法院针对

---

① 《非洲商法统一条约》第 7 条。

② 《非洲商法统一条约》第 14 条第 2 款。

③ 《非洲商法统一条约》第 14 条。

④ 阿鲁赛尼·穆鲁：《理解非洲商法协调组织》，李伯军译，湘潭大学出版社，2016 年 10 月第 1 版，第 47 页。

有关各方提出的问题所做出的解答。①

司法与仲裁共同法院做出的咨询意见及解释不具有约束力。不过，实践中成员国国内法院不可能对这些意见置若罔闻。特别是，由于成员国国内法院做出的涉及该组织立法的判决可最终上诉至该法院，如果该判决与其意见相冲突，就可能被撤销。这是为了确保非洲商法协调组织立法能够得到正确、一致的适用。

2. 诉讼职能

（1）管辖权范围

根据《非洲商法统一条约》第14条的规定，司法与仲裁共同法院的诉讼管辖权是指，它对涉及非洲商法统一组织统一法调整的所有商事事项具有管辖权，涉及适用刑罚的事项除外，成员国国内法院对此仍有专属管辖权。②

不过，它只能作为最高上诉机构行使管辖权。根据《非洲商法统一条约》第13条，涉及统一法实施的任何争议，应在各成员国国内法院的一审和普通上诉程序中处理。这样，司法与仲裁共同法院仅有权审理针对成员国上诉法院判决提起的上诉，或针对成员国低级法院做出的但不得提起普通上诉的判决提起的上诉。

这就意味着对于涉及非洲商法协调组织立法的争议，国内最高法院的管辖权被司法与仲裁共同法院的管辖权取代，但国内法院仍然保留了一审和普通上诉的管辖权，而且对于并不涉及非洲商法协调组织立法的事项，国内法院仍然有最高管辖权。因此，如果当事人在国内最高法院提起诉讼程序，在争议标的属司法与仲裁共同法院的管辖范围的情况下，国内最高法院必须对案件拒绝行使管辖，指示当事人到司法与仲裁共同法院提起诉讼，即使被告没有对它的管辖权提出异议。

---

① 《司法与仲裁共同法院程序规则》第58条。

② 这样的设想也曾引起广泛的讨论，即司法与仲裁共同法院应具有审理涉及其他除非洲商法统一组织统一法外的、可在成员国适用的统一化立法，特别是有关保险事项和知识产权的统一化立法的案件的最高管辖权，以便能够在这些领域同样实现立法的一致解释和适用。

（2）程序

可在下列三种任一情况下，向司法与仲裁共同法院提起诉讼。

➤ 由当事人直接提起，如果他希望对成员国国内上诉法院做出的涉及统一法适用的判决提起上诉。① 当事人必须在收到国内上诉法院判决的2个月内，向司法与仲裁共同法院书记处提起上诉。② 如果司法与仲裁共同法院推翻国内法院的判决，它就对案件实体问题进行重新审理；③

➤ 由希望对国内上诉法院管辖权提出异议的当事人直接提起，如果他未能使该法院信服司法与仲裁共同法院对该案件有管辖权。④ 上诉必须在收到国内法院裁定通知的2个月内提出。如果司法与仲裁共同法院裁定国内法院没有管辖权，它就可宣告国内法院的裁定无效。如果司法与仲裁共同法院确认自己对该案没有管辖权，它应通知与诉讼相关的当事人及成员国的国内法院；

➤ 由成员国国内上诉法院移送的案件，如果由于案件涉及统一法的适用，它认为自己没有管辖权。⑤ 在这种情况下，成员国国内上诉法院的诉讼程序自动终止。但这并不妨碍处于上诉中的判决的执行。如果司法与仲裁共同法院查明自己无权审理该案，它就会将该案退给国内法院，该法院将恢复诉讼程序。⑥

以上诉讼程序针对的只是与统一法相关的私方当事人之间的普通商事诉讼。此外，根据《非洲商法协调条约》第56条，司法与仲裁共同法院还可以受理成员国之间因本条约的解释或适用而产生的争议。对于此类争议的审理，该条约还规定了专案法官制度（ad hoc judge），即如果司法与仲裁共同法院在审理此类争议时，其中一位法官具有某一争议成员国的国籍，则其他争议成员国可以指定具有本国国籍的专案法官参

---

① 《非洲商法统一条约》第14条。
② 《司法与仲裁共同法院程序规则》第28条。
③ 《非洲商法统一条约》第14条。
④ 《非洲商法统一条约》第18条。
⑤ 《非洲商法统一条约》第15条。
⑥ 《非洲商法统一条约》第16条。

与案件的审理。但专案法官也应满足《非洲商法协调条约》第 31 条规定的任职条件。

有权在成员国国内法院出庭的律师，也有权在司法与仲裁共同法院内出庭。不过，如果律师的居所不在阿比让，他的委托人在诉讼程序期间就必须在阿比让指定一个正式地址，以便法院文书的送达，这可以是阿比让当地某个律师或公证员的地址。

（二）仲裁职能

仲裁作为一种争议解决方式，很早就盛行于非洲的传统部落和社区之中，它并非西方的舶来品。非洲国家独立后，大多继续沿用殖民时期宗主国的仲裁法律制度。20 世纪 90 年代以来，许多非洲国家为了改善国内法律环境，吸引外资，都以联合国国际贸易法委员会《国际商事仲裁示范法》为版本制定了新的仲裁法，同时设立了许多仲裁机构，对于推动仲裁解决争议发挥了重要作用。[①] 非洲商法协调组织同样十分重视仲裁在解决商事争议中的地位和作用。《非洲商法协调条约》序文明确指出，推动仲裁作为解决合同争议的方式。为此，非洲商法协调组织内设立了两套仲裁体制。一种是《非洲商法协调条约》第四章所规定的在司法与仲裁共同法院主持下根据《司法与仲裁共同法院仲裁规则》而进行的机构仲裁，另一种是根据《仲裁统一法》而进行的仲裁。如果当事人在合同的仲裁条款中约定根据《非洲商法协调条约》或根据《司法与仲裁共同法院仲裁规则》进行仲裁，这就是在司法与仲裁共同法院主持下所进行的机构仲裁。如果当事人在某一成员国内的仲裁机构进行仲裁，则此类仲裁程序应根据《仲裁统一法》的规定进行。

只有在争议与成员国具有某种联系时，才可利用司法与仲裁共同法院的仲裁程序。《非洲商法协调条约》第 21 条规定，只有在下列情况下才可将合同争议提交司法与仲裁共同法院通过仲裁方式解决：当事人一方在某一成员国国内有住所或惯常居所，或合同的一部分或全部已在或将在某

---

① Weidong ZHU, "Arbitration as the Best Option for the Settlement of China-Africa Trade and Investment Disputes", *Journal of African Law*, 2013, vol. 57, No. 1, pp. 152 – 155.

一成员国国内或多个成员国国内履行。该条约没有明确要求仲裁地必须在某一成员国国内，这样，同意提交司法与仲裁共同法院进行仲裁的合同当事人似乎也可以将其仲裁地设在成员国以外的其他国家。但从有关裁决撤销的实际考虑来看，此种做法不太可行。

在仲裁职能方面，司法与仲裁共同法院仅充当仲裁中心的角色，它自己并不解决当事人提交的争议，相关争议应由仲裁庭处理，它只是指定或确认仲裁员、听取仲裁程序进展情况及审查仲裁裁决等。[①] 《非洲商法协调条约》对司法与仲裁共同法院的仲裁程序有具体的规定，同时《司法与仲裁共同法院仲裁规则》对条约中的规定作了进一步详细的补充。该《司法与仲裁共同法院仲裁规则》与国际商会仲裁院的仲裁规则非常相似，但在裁决的撤销和执行方面还存在巨大的不同。

根据《非洲商法协调组织条约》的规定，争议只能由独任仲裁员或三名仲裁员解决。如果当事人双方同意争议由独任仲裁员解决，他们可协商指定一名仲裁员，该仲裁员的指定还要获得司法与仲裁共同法院的批准。若双方当事人不能就独任仲裁员的指定达成一致意见，该法院可在此分歧发生后的 30 天内指定一名仲裁员。如果争议由三名仲裁员审理，则每一方当事人可指定一名仲裁员，当事人指定的仲裁员应得到司法与仲裁共同法院的批准。如果一方当事人拒绝指定仲裁员或不能做出指定，则法院应代其指定仲裁员。第三名仲裁员只能由法院指定，并作为仲裁主席。不过，如果双方当事人承诺他们之间可在给定的时间内选择第三名仲裁员，司法与仲裁共同法院只需对双方当事人选择的第三名仲裁员进行批准即可。如果双方当事人不能在给定的时间内选择第三名仲裁员，法院就会做出指定。[②]

如果双方当事人不能就仲裁员人数达成一致意见，司法与仲裁共同法院应任命一名仲裁员审理争议，除非法院认为案件必须由三名仲裁员审理，在此情况下，每方当事人可在 15 天内指定一名仲裁员。仲裁员可从

---

① 《非洲商法协调组织条约》第 21 条。
② 《非洲商法协调组织条约》第 22 条。

法院的仲裁员名单中进行选择，法院成员不列入仲裁员名单。法院可对任一方当事人对仲裁员提出的异议做出裁决。[1]

仲裁员在对部分裁决或最终裁决签字前，必须首先将其提交给司法与仲裁共同法院进行审查，以防止出现一些形式上的错误。[2] 裁决在每一成员国领域内都具有终局效力，经司法与仲裁共同法院院长签发执行令后它可在任一成员国领域内得到执行。但如果院长发现当事人之间不存在仲裁协议或仲裁协议无效、仲裁员越权裁决、对抗式程序原则没有得到尊重、裁决与国际公共政策相冲突，他就不会签发执行令。[3]

第四节　常设秘书处

常设秘书处（le Secrétariat Permanent）是非洲商法协调组织的日常行政管理机构。根据 1997 年 7 月 30 日非洲商法协调组织与喀麦隆政府达成的协议，常设秘书处的总部设在喀麦隆首都雅温得。

一　常设秘书处的组成

常务秘书负责常设秘书处的工作。常务秘书是根据《非洲商法协调条约》第 40 条任命的，任期 4 年，可连任 1 次。常务秘书对外代表非洲商法协调组织，它主要协助部长委员会的工作。常务秘书根据部长委员会决定的标准任命秘书处其他成员。目前，常务秘书由 3 名主任予以协助，这 3 名主任分别负责法律事务并协调与其他机构的关系、财政和会计事务，以及一般的行政事务和非洲商法协调组织官方公报的出版工作。

常设秘书处独立于成员国，成员国在常设秘书处内没有官方代表，这样做是为了确保常设秘书处免受政治压力的影响。

---

① 《非洲商法协调组织条约》第 22 条。
② 《非洲商法协调组织条约》第 24 条。
③ 《非洲商法协调组织条约》第 25 条。

二 常设秘书处的职能

常设秘书处有各种管理职能，同时为部长委员会提供协助。特别是它要为部长委员会会议提出议程以及统一商法的年度规划。[1] 此外，它要准备统一法草案，呈送成员国予以考虑，并要求司法与仲裁共同法院在统一法通过前提出建议。这些程序完成后，常设秘书处将统一法草案定稿，建议将其纳入下次部长委员会会议议程。[2] 在统一法被部长委员会通过后，常设秘书处还要负责将统一法在非洲商法协调组织官方公报上进行公布。统一法一旦予以公布，它就可在所有成员国国内适用和实施。

常设秘书处还要组织司法与仲裁共同法院法官的选举工作。在选举前，它会按字母顺序编撰一份司法与仲裁共同法院候选人名单，供部长委员会考虑。作为一个管理机构，常设秘书处还要协调非洲商法协调组织各个不同机构之间的各种活动，并且随时关注非洲商法协调组织作为一个整体所开展的各项工作。由于地区高等司法培训学校附属于常设秘书处，因此常设秘书处还要负责地区高等司法培训学校的相关事务。

第五节 地区高等司法培训学校

地区高等司法培训学校隶属常设秘书处，其总部在贝宁首都波多诺伏。作为非洲商法协调组织的一个机构，地区高等司法培训学校具有自己的法律人格，享有行政和财政方面的独立性。同时，它拥有自己的国际身份，享有外交特权和豁免。《非洲商法协调条约》的所有成员国也是地区高等司法培训学校的成员，随后加入该条约的成员国在条约对其生效后，自动成为地区高等司法培训学校的成员。

部长委员会在 1995 年 10 月通过了地区高等司法培训学校的管理章

---

[1] 《非洲商法统一条约》第 11 条和第 29 条。
[2] 《非洲商法统一条约》第 6 条和第 7 条。

程，该章程对学校的组织机构、功能、资源以及学校的津贴等问题做了详细规定。根据该章程，地区高等司法培训学校的机构包括一个负责学校管理的董事会、一个确保学术水准的学术委员会，以及一个由部长委员会任命的校长领导的管理部门。学校董事会由作为董事会主席行事的非洲商法协调组织常务秘书、司法与仲裁共同法院院长或其指定的代表、成员国国内最高法院的 3 名代表、2 名来自国内培训中心的代表，以及地区高等司法培训学校永久职员的 2 名代表组成。学校的管理部门包括校总务办公室，教学、实习和培训办公室以及财政与行政事务办公室。

地区高等司法培训学校的主要职责是发挥作为培训中心和文献研究和传播中心的作用，改善成员国的法制环境。作为培训中心，它要通过提供课程培训，提高非洲商法协调组织成员国的法官及其他法律人员如律师、公证员、鉴定人、书记员、司法执达员等有关统一化的商法方面的能力建设。它提供的培训课程主要涉及下列内容：非洲商法协调组织通过的各类统一法、其他各种非洲共同体法律，以及一些具体的法律领域，如经济犯罪、腐败和跨国犯罪、公私合营以及知识产权等。经学校董事会的同意，地区高等司法培训学校也可招收来自非成员国的法律人员接受该校的培训。地区高等司法培训学校的培训人员都是权威的法律职业人士和学者，他们在非洲商法协调组织法律方面造诣精深、经验丰富。他们不是学校的固定职员，而是作为访问教授受雇的。地区高等司法培训学校也可与其他致力于培训法律职员或教授法律的机构或组织进行合作。①

作为文献研究和传播中心，地区高等司法培训学校的主要职责是启动并促进有关非洲法律问题的研究，与司法与仲裁共同法院和成员国的最高法院通力协作，致力于实现非洲商法协调组织通过的各类统一法在成员国内得到统一的解释和适用，扩大非洲商法协调组织统一法在成员国内的传

---

① 鲍里斯·马特等：《非洲商法：OHADA 与统一化进程》，朱伟东译，英国全球市场简报出版公司，2008 年版，第 12 页。

播推广。地区高等司法培训学校创办的文献中心向公众开放，该中心资料丰富，涵盖了众多领域，如非洲商法协调组织统一法、共同体法律、一般商法、会计法、税法、仲裁法、合同法、保险法、公司法、证券法、破产法等。该中心还有一个电子图书馆，收集了 3000 多种文献档案和 340 多种期刊。①

---

① 有关电子图书馆的文献，可浏览其网站：http：//biblio. ohada. org/pmb/opac_ css/。

第三章

非洲商法协调组织的统一法

　　非洲法郎区国家成立非洲商法协调组织是为了实现本地区商法的一体化，促进本地区经济一体化的发展。法律一体化主要通过统一化和协调化两种途径进行。法律的协调化旨在消除各国法律、法规之间的种种差异性，以达各国法律之间的紧密联系。这种"乐器演奏式"法律协调技术实现了在尊重国家主权与超国家机构权限之间的平衡；而法律的统一化是一种相对于协调化而言更为激进的方法，这是因为适用于各成员国的法律都是用相同的术语拟定的，而且法律的实施是以相同的方式进行的。① 概括而言，对国际民商法进行统一化和协调化的传统手段主要有：①通过国际条约进行统一与协调；②通过制定统一法（uniform law）、示范法（model law），引导各国民商法立法采用统一的标准；③通过形成国际惯例使商法规范获得国际统一；④通过法院判决和仲裁裁决实现国际商法的统一与协调；⑤通过适用一般法律原则实现国际民商法的统一与协调；⑥通过各国国内民商法立法的趋同化来达到国际民商法的统一与协调。

　　具体到非洲法律统一化与协调化而言，许多学者早就开始关注非洲法的多样性问题，并就非洲法的统一与协调提出了一些好的建议。例如，法国比较法专家勒内·达维德就建议通过起草示范法供非洲不同国家采纳以实现非洲民商法的统一。巴黎经济与法律学院的密歇尔·阿里奥教授认为

---

① 吉勒斯·西斯塔克：《区域一体化：南部非洲发展共同体（SADC）与非洲商法协调组织（OHADA）》，李伯军译，载萨尔瓦托·曼库索、洪永红主编《中国对非投资法律环境研究》，湘潭大学出版社，2009年6月第1版，第97～98页。

可以采取以下实际步骤以实现非洲法的统一：首先是非洲法的"非西方化"（de-occidentalization），例如，清除不适合于非洲实际情况的法国法或英国法的某些特征。其次，对立法形式进行协调。例如，由于普通法系和大陆法系国家在立法方式和内容上的不同，法国的律师会发现很难适用英国的法律。最后，由非洲各国的立法者采用相同的法律分类和法律概念。用新的能够被大部分非洲国家采纳的法律词汇来阐明某些法律概念很重要。① 在实际中，一些非洲地区性组织曾采用示范法的形式进行国际商法的统一与协调。例如，1976 年成立的英语非洲工业产权组织（ARIPO，the Industrial Property Organization for English-speaking Africa）曾制定了《英语非洲专利法示范法》和《英语非洲商标法示范法》两部示范法供英语非洲国家采纳。此外，一些非洲国家还采用过"重述"（restatement）方法。"重述"是指通过对大量法院判例的报告和出版来促成法律的统一与协调。"重述"方法源于美国，它在统一、协调美国各州的冲突法中发挥了重要作用。"重述"的方法在对肯尼亚、马拉维、博茨瓦纳和加纳的习惯法的统一、协调方面做出了重要贡献。②

非洲商法协调组织采用了与上述非洲地区性组织或非洲国家完全不同的方法。《非洲商法协调条约》第 1 条规定，本条约的目的是通过制定和采纳简单、现代而且能适应成员国经济形势的共同规则，以"对成员国的商法进行协调化"，而且此类共同规则应被称为"统一法"（uniform law）。③ 从条约的这些明文规定可以肯定地得出这样的结论，即"非洲商法协调组织坚定地选择走法律统一化的道路，而不是法律协调化的路径"。④ 因此，从这个意义上讲，非洲商法协调组织有时也被翻译为"非

---

① Michel Alliot, "Problems De l'Unification Des Droits Africains", *Journal of African Law*, vol. 11, No. 2, 1967, p. 93.

② James S. Read, "Law in Africa: Back to the Future?", *Comparative Law in Global Perspective*, Edited by Ian Edge, Transnational Publishers Inc, 2000, pp. 185 – 188.

③ 《非洲商法协调条约》第 5 条。

④ 吉勒斯·西斯塔克：《区域一体化：南部非洲发展共同体（SADC）与非洲商法协调组织（OHADA）》，李伯军译，载萨尔瓦托·曼库索、洪永红主编《中国对非投资法律环境研究》，湘潭大学出版社，2009 年 6 月第 1 版，第 98 页。

洲商法统一组织"。南非大学国际法与外国法研究中心主任托马斯豪森教授认为，采用统一法的好处是它可以避免各成员国在实施根据公约所承担的义务时出现立法的差异，但它的不利之处是，采纳统一法会被认为侵害了国家主权，因而国内立法者会抵制统一法。① 为此，很多地区性组织为了避免刺激成员国的立法者，一般不会直接采用统一法的途径，而是采用其他手段或把统一化与协调化手段结合起来，以便获得成员国政府和立法者的支持。如欧盟在对成员国法律进行一体化的过程中，就采用了"规则"和"指令"两种手段，实际上就是统一化和协调化相互结合和补充的方法。非洲商法协调组织的成员国能够如此果断地采用统一法的途径来实现本地区商法的统一化，表现了成员国领导人推动本地区商法一体化的强烈的政治意愿。因此，有人对非洲商法协调组织进行的商法统一化工作给予了很高评价，认为"非洲商法协调组织在商法协调方面比欧盟更有抱负"。②

第一节　统一法的制定过程

《非洲商法协调条约》第二章的名称为"统一法"（Uniform Law），专门就统一法的制定和适用做了详细规定。根据该章第 6~9 条的规定，统一法的制定程序可以分为三个阶段。该章第 12 条规定了统一法的修改程序。

一　拟定统一法草案

每次将予起草的统一法主题，根据部长委员会批准的商法统一化年度计划选定。在统一法起草阶段，由常设秘书处赞助该选题领域的公认专家拟定一个初步草案。将该草案随后发送给各成员国政府征求意见，各个成

---

① 托马斯豪森：《非洲国际私法》，朱伟东译，《北大国际法与比较法评论》，2006 年第 7 期，第 87 页。

② Marc Frilet，"Uniform Commercial Laws，Infrastructure and Project Finance in Africa"，*International Business Lawyer*，vol. 28，No. 5，p. 215，2000.

员国政府自收到这些统一法草案后有 90 天的期限可以提出针对草案的意见。但这一期限不是固定的，考虑到统一法草案的性质及复杂程度，经常设秘书处的请求，该期限可以再延长 90 天，以便成员国政府能够发动公众广泛参与统一法草案的讨论。①

在此阶段，各成员国都设立有国内委员会，以对统一法的初步草案进行审议。《非洲商法协调条约》并未规定设立此种机构。由于非洲商法协调组织主要关注作为立法部门的部长委员会，这就可能造成立法程序与成员国民众之间存在极大隔阂。此外，还有批评意见认为，由成员国政府任命的司法部长和财政部长组成的部长委员会制定统一法，会规避成员国议会的立法主权。② 为了减轻成员国的这种担忧和疑虑，在前常务秘书约翰逊（Kwawo Lucien Johnson）博士任职期间，他就认识到设立此类国内委员会是一个有益的创举，并积极推动它们成为非洲商法统一组织体制内的正式机构，确保它们成为所有法律行业和商业团体的代表。因此，在 2003 年 1 月，部长委员会批准了一项成立国内委员会并将其予以制度化的建议。③ 非洲商法协调组织部长委员会向成员国政府提出如下建议，即国内委员会应由来自成员国政府的司法、财政、商业、农业、劳工等部门的代表，以及来自律师事务所、其他法律行业、商业和金融团体的代表组成。这可以保证统一法的制定可以吸收来自成员国各行业代表的意见，也有利于各行业人士对统一法的了解和传播。目前，国内委员会已自动发展成为成员国政府和部长委员会之间、成员国政府和本国法律人士以及直接受非洲商法协调组织统一法影响的商人之间的沟通桥梁。④

成员国国内委员会在上述期限内完成统一法草案的审议后，成员国将

---

① 《非洲商法协调条约》第 7 条第 1、2 款。
② 玛莎·西姆·图蒙德：《OHADA 在喀麦隆的经验：普通法法律人士特别关注的领域》，载克莱尔·莫尔·迪克森编《非洲统一商法：普通法视角中的 OHADA》，朱伟东译，中国政法大学出版社，2014 年 5 月第 1 版，第 95～96 页。
③ 参见 2003 年 2 月 12 日第 12 号《非洲商法协调组织公报》，第 23 页。
④ 玛莎·西姆·图蒙德：《OHADA 在喀麦隆的经验：普通法法律人士特别关注的领域》，载克莱尔·莫尔·迪克森编《非洲统一商法：普通法视角中的 OHADA》，朱伟东译，中国政法大学出版社，2014 年 5 月第 1 版，第 96 页。

他们提出的书面意见提交给常设秘书处。① 此后，常设秘书处召开一个所有国内委员会的全体会议，以便对统一法草案达成一致意见。该草案随后又返回给各成员国，征求他们的意见，这些意见再送交给常设秘书处。经过反复的讨论和修改，常设秘书处将形成最终的统一法草案文本。《非洲商法协调条约》中并没有规定这一反复讨论和修改的程序，但常设秘书处在实际工作中都采用了这样的工作方式。

二　征求咨询意见

常设秘书处接着将议定好的统一法草案的最终文本转交给司法与仲裁共同法院，由其发表咨询意见。司法与仲裁共同法院应在收到咨询请求后的 60 天内，提出自己的意见。②

司法与仲裁共同法院必须确定，该草案是否符合《非洲商法协调条约》及非洲商法协调组织的一般宗旨。司法与仲裁共同法院认为它在此方面的作用举足轻重，特别是这一过程能够使它在统一法生效前有机会了解统一法所蕴含的原理，并确保它随后就统一法的解释和适用所做出的判决与该原理一致。③

三　批准及生效

在征求司法与仲裁共同法院的咨询意见的 60 天期限届满之时，常设秘书处将统一法草案的最终文本提交给部长委员会，并建议部长委员会将统一法最终草案列入其下次会议的议事日程内。④

根据《非洲商法协调条约》第 8 条的规定，部长委员会讨论通过统一法草案的最终文本时，必须取得出席会议并参加投票的成员国代表的一致同意，而且出席会议的成员国至少应达到三分之二多数。成员国放弃投

---

① 《非洲商法统一条约》第 7 条第 2 款。
② 《非洲商法统一条约》第 7 条第 3 款。
③ 鲍里斯·马特等：《非洲商法：OHADA 与统一化进程》，朱伟东译，英国全球市场简报出版公司，2008 年版，第 20 页。
④ 《非洲商法协调条约》第 7 条第 4 款。

票或没有参加表决会议不会构成统一法通过的障碍，但是成员国有否决权，因为一致通过规则使得出席会议的某一国家可以通过投否决票阻止批准统一法。不过，就已经通过的统一法来看，还没有成员国对统一法的通过行使过否决权。

通过的统一法草案最终文本将在 60 天内由常设秘书处在非洲商法协调组织的官方公报上予以公布。自公布之日起 90 天后，统一法草案最终文本将在成员国国内生效，除非统一法规定了其他生效方式。通过的统一法文本也将在成员国国内官方报纸或通过其他合适的途径予以公布，但这种方式不会影响统一法的生效。① 《非洲商法协调条约》第 9 条规定的这种统一法的生效方式曾在喀麦隆的普通法省份引起是否合宪的争议。在这些省份，人们认为，立法可不经议会的参与就可直接适用和实施的规定是违宪的。喀麦隆宪法第 2 条第 1 款规定："国家权力属于喀麦隆人民，人民通过共和国总统和议员或通过全民公决方式行使同样权力。任何人民团体或个人不得越权行使该权力。"并且该宪法第 14 条规定，立法权由议会行使，议会制定法律并监督政府的行为。第 26 条规定，制定调整民事和商事义务的规范，专属于立法权力。看来，在喀麦隆《非洲商法协调条约》的有效性，只能依赖喀麦隆宪法第 43 条和第 45 条的规定。该宪法第 43 条规定："共和国总统可协商、批准条约和国际协定。属第 26 条所规定的立法权范围内的条约和国际协定，应提交议会同意后批准。"《非洲商法协调条约》是根据共和国总统按照 1996 年 9 月 5 日第 177 号法令所给予的批准条约的授权而批准的。该宪法第 45 条接着规定："经合法批准或签署的条约或国际协定应自其公布后，优先于国内法，只要缔约他方实施上述条约或协定。"基于此，可以得出结论，即非洲商法协调组织统一法在喀麦隆是可予适用的商法。②

统一法制定和颁布所适用的语言也曾引起广泛讨论。在 2008 年对

---

① 《非洲商法协调条约》第 9 条。
② 鲍里斯·马特等：《非洲商法：OHADA 与统一化进程》，朱伟东译，英国全球市场简报出版公司，2008 年版，第 7 页，注 1。

《非洲商法协调条约》修订前，条约第 42 条规定非洲商法协调组织的工作语言只有法语。这就意味着统一法必须以法语起草和颁布。这种规定对于其他语种的成员国来说十分不利，如几内亚的官方语言是西班牙语，几内亚比绍的官方语言是葡萄牙语，而喀麦隆的官方语言有英语和法语。因语言问题引发的争议在喀麦隆表现得更为强烈。喀麦隆宪法明确规定，英语和法语是喀麦隆的官方语言；两种语言具有同等地位；国家应确保促进全国范围内的双语发展；并且法律必须以英语和法语在官方公报上发布。① 因此，《非洲商法协调条约》仅将法语强制作为统一法的官方语言的规定，被认为违反了喀麦隆宪法，并导致喀麦隆的英语省份对统一法的严重抵触情绪。此外，仅以法语作为非洲商法协调组织的工作语言，不利于今后吸引其他非洲英语国家或有其他官方语言的非洲国家加入该组织。针对这种情况，许多学者呼吁应对第 42 条规定进行修改。② 非洲商法协调组织及时因应了这种呼吁，在 2008 年对条约第 42 条进行修订时把英语、西班牙语和葡萄牙语增列为非洲商法协调组织的工作语言，但该条同时规定，在不同的语言文本发生冲突时，以法语文本为准。这种新的规定又产生了不同文本的翻译问题。"大部分的翻译文本因为翻译不够充分准确、过于笼统而广受争议"，在不同的语言中要找到可替代的法律术语并非易事，因此，"要澄清对法律术语的误读，还有很长的路要走"。③

第二节 统一法的适用

经济一体化法律的有效性在很大程度上取决于它在成员国内被接受

---

① 喀麦隆宪法第 1 条第 3 款和第 31 条第 3 款。

② Nelson Enonchong, "The Harmonization of Business Law in Africa: Is Article 42 of OHADA Treaty a Problem?" *Journal of African Law*, vol. 51, No. 7, 2007, pp. 95 – 116.

③ 玛莎·西姆·图蒙德：《OHADA 在喀麦隆的经验：普通法法律人士特别关注的领域》，克莱尔·莫尔·迪克森编《非洲统一商法：普通法视角中的 OHADA》，朱伟东译，中国政法大学出版社，2014 年 5 月第 1 版，第 92 页。

和实施的方式。正是通过实施，共同体法律体系和国内法律体系之间的鸿沟得以弥合。在经济一体化中，调整其活动的规范和成员国国内法律之间的关系对于经济一体化的发展至关重要。因此，经济一体化所面临的一个主要挑战是确保共同体法律在成员国内得到实施。① 地区经济共同体条约通常会对共同体法律和成员国法律之间的关系以及共同体法律如何在成员国内实施做出规定。在共同体条约没有对此做出规定时，各国一般会根据本国宪法的相关规定或本国的相关判例来解决共同体法律如何在国内实施的问题。这实际上就涉及国际法与国内法的关系问题。对于国际法在国内的实施，坚持"一元论"和"二元论"的国家有不同的观点和做法。

非洲商法协调组织的成员国既有坚持"一元论"的国家，也有坚持"二元论"的国家，为了保持统一法在各成员国得到统一适用，维护统一法的权威和效力，《非洲商法协调条约》第 10 条明确规定，统一法在成员国内直接适用并具有约束力，即使成员国此前或此后的国内立法与其有相冲突的规定。该条明白无误地确立了统一法在成员国国内的直接适用性。欧洲法院曾将直接适用性界定为共同体法律"无须借助任何纳入国内法律的措施"就直接生效的性质。② 直接适用性原则可以确保共同体法律在成员国内立即生效，不需要根据国内法而设置一些不同的前提条件。通过利用直接适用性原则，可以避免对共同体法律的迟延实施、拒绝实施及部分实施。直接适用性原则既可以保留共同体法律在成员国内的独特性，也可以避免在国内实施国际法的"二元论"模式的消极后果。③ 统一法的这种直接适用性体现出一种超国家的特征，这种特征实际上"是每个成员国为了非洲商法协调组织就其进行法律协调方面的有关事项做出具体安排而放弃本国部分国家主权的表现"，"各种统一法的通过程序以及它们所体现出来的强制性和可废止成员国国内法律的特征同样体现了非洲

① Richard Oppong, *Legal Aspects of Economic Integration in Africa*, Cambridge University Press, 2011, p. 188.
② Amsterdam Bulb v. Produktschap voor Siergewassen, case 50/76, [1976] E. C. R. 137 at 146.
③ Richard Oppong, op. cit. , p. 43.

商法协调组织各种法律文本的超国家特性"。① 因此，要在地区性共同体条约中做出这种安排需要成员国付出极大的勇气和决心。迄今，在非洲的区域性条约中，只有《非洲商法协调条约》明确做出了这样的规定。这同样体现了非洲商法协调组织成员国领导人改善本地区商法环境的决心和勇气。

《非洲商法协调条约》第 10 条规定容易产生适用上的歧义：根据该条规定，统一法可以推翻与其相冲突的国内法中的个别规定，还是可以推翻与统一法调整事项相同的成员国的任何国内法。对此问题，科特迪瓦在2000 年曾请求司法与仲裁共同法院对此发表咨询意见。司法与仲裁共同法院在 2001 年 4 月 30 日发表了咨询意见。根据该咨询意见，《非洲商法协调条约》第 10 条规定的效力仅在于排除并禁止适用与统一法有相同目的且与之相冲突的成员国内任何国内立法或规章中的规定，而且"规定"应理解为是指某一条款（clause）、子条款（sub-clause），或只是单一句子（a single sentence）。司法与仲裁共同法院在咨询意见中还指出，如果并非所有的国内法中的规定都与统一法的规定相冲突，不与统一法相冲突的规定就可继续适用。②

一般而言，对于统一法中的非强制性规定，如果当事人有其他约定或成员国国内立法中有其他规定，则可以不适用。例如，《商业公司和经济利益集团统一法》第 517 条规定，"除非公司章程中另有其他约定，股东大会应在公司注册办公室所在地举行，或在公司注册办公室所在地的成员国内的其他地方举行"。换言之，这就使公司章程可以约定在某一外国境内举行股东大会。相反，如果公司章程中没有规定股东大会举行地，就应适用统一法的规定，即股东大会必须在公司注册办公室所在地的成员国国内举行。根据《担保统一法》第 20 条，担保书下的责任视为连带责任，但该条规定又指出，如果有关成员国国内法或当事人的协议对此有其他明

---

① 阿鲁赛尼·穆鲁：《理解非洲商法协调组织》，李伯军译，湘潭大学出版社，2016 年 10 月第 1 版，第 29 页。
② 第 001/0001/EP 号咨询意见。

示规定的，则该条规定不适用。

对于统一法中的强制性规定，是不允许当事人通过约定或成员国通过国内立法予以排除适用的，它可以推翻成员国国内此前或此后制定的与其冲突的规定。统一法中的强制性规定主要有两类。一类为某些协议或程序规定了必须遵守的特定要件，如违反这些要件规定，相关协议或程序就会被认定为无效。例如，《商业公司和经济利益集团统一法》第 198 条规定："进行合并、分立，或部分营业资产转让的公司，必须向法院书记室提交一份声明，在该声明中它应指明，为完成此类交易所采取的全部行为，并声明这些行为是根据本法采取的。如非如此，此类交易将被宣布为无效。"另一类强制性规定由于具有公共政策性质而不允许当事人通过协议或由成员国通过国内法予以减损。①

还必须注意的是，统一法并非可以适用于成员国国内所有事项，对一些特殊事项，统一法会限制自己的适用。例如，《非洲商法协调条约》第 5 条规定，统一法中可以有有关刑事制裁的条款，但这要留给每一成员国决定和实施可在其领域内实施的实际刑罚。同样，要由成员国自己来确定可免予扣押的财产的类型，② 或在其领域内可执行权利（an enforceable right）由何构成。③

第三节　已通过的统一法

截至目前，非洲商法协调组织已经通过了十部统一法。1997 年 4 月 17 日，部长委员会通过了首批三部统一法，分别是《一般商法统一法》（*Uniform Act Relating to General Commercial Law*）、《商业公司和经济利益集团统一法》（*Uniform Act Relating to Commercial Companies and Economic Interest Group*）以及《担保统一法》（*Uniform Act on Security Interest*）。

---

① 鲍里斯·马特等：《非洲商法：OHADA 与统一化进程》，朱伟东译，英国全球市场简报出版公司，2008 年版，第 21~22 页。
② 《债务追偿简易程序和执行措施统一法》第 50 条和第 51 条。
③ 《债务追偿简易程序和执行措施统一法》第 30 条。

它们都已在 1998 年 1 月 1 日生效。1998 年 4 月 10 日，部长委员会通过了下列两部统一法：《债务追偿简易程序和执行措施统一法》（*Uniform Act on Simplified Debt Collection Procedures and Enforcement Proceedings*）、《债务清偿集体程序（破产）统一法》（*Uniform Act on Bankruptcy Proceedings*）。这两部法律已在 1999 年 1 月 1 日生效。1999 年 6 月 11 日，部长委员会通过了另一部统一法，即《仲裁统一法》（*Uniform Act on Arbitration Law*），该法已在 1999 年 8 月 14 日生效。进入 2000 年后，部长委员会又分别通过了三部统一法，它们是 2000 年 3 月 24 日通过的《会计统一法》（*Uniform Act on the Organization and Harmonization on the Companies Accounting in the State Parties to the Treaty on Harmonization in Africa of Business Law*）、2003 年 3 月 22 日通过的《公路货物运输合同统一法》（*Uniform Act on Road Freight Agreement*）以及 2010 年 12 月 5 日通过的《合作社统一法》（*Uniform Act on Cooperatives*）。上述三部法律都已根据《非洲商法协调条约》的相关规定生效。最新的一部统一法是部长委员会在 2017 年 11 月 23 日通过的《调解统一法》（*Uniform Act on Mediation*）。根据统一法的生效程序，该法于 2018 年 2 月 23 日生效。

截至 2017 年 12 月 18 日，在上述已生效的九部统一法中，《商业公司和经济利益集团统一法》和《破产统一法》已分别在 2014 年 1 月 30 日和 2015 年 9 月 10 日进行过修订，修订后的两部统一法已分别在 2014 年 5 月 5 日和 2015 年 12 月 24 日生效；《一般商法统一法》和《担保统一法》也都在 2010 年 12 月 15 日进行过修订，修订后的两部统一法已在 2011 年 5 月 16 日生效。部长委员会还在 2017 年 1 月 26 日对《会计法统一法》进行了修订，修订后的法律于 2018 年 1 月 1 日生效。2017 年 11 月 23 日，部长委员会还对《仲裁统一法》进行了修订，根据生效程序，修订后的《仲裁统一法》于 2018 年 2 月 23 日生效。

一 《一般商法统一法》

《一般商法统一法》的修订版在 2010 年 12 月 15 日在多哥首都洛美通

过，并在 2011 年 5 月 16 日生效。① 《一般商法统一法》旨在为从事商业贸易的人员提供确定、透明、可预见的法律规定。在 1997 年 4 月 17 日部长委员会通过《一般商法统一法》前，在 OHADA 地区所进行的商事活动由各成员国国内具有不同渊源和不同目的的多样化的法律规则调整。

修订后的《一般商法统一法》共有九编，每篇分为若干章节，全法共有 307 条规定。这九编规定的标题分别为商人和个体经营者的身份；商事和动产信用登记；国内登记；地区登记；商事和动产信用登记的网络化；商业租赁与营业资产；商业中介；商事买卖以及过渡性和最终条款。该法的范围十分宽泛，它不但适用于无论是作为自然人还是法人的商人，也适用于个体经营者，并且还适用于营业地或注册办公室位于某一成员国领域内的经济利益集团。下面简要选择性介绍几个编章内容。

1. 商人和个体经营者的身份

修订后的《一般商法统一法》根据商人职业的性质，对此前文本所采用的传统的大陆法概念"商人"进行了修正，根据新的规定，商人是指从事商事行为并以此作为日常职业的个人。② "商事行为"是指下列行为：由商人生产或购买的货物的流通、为取得盈利所进行的提供服务的行为。商事行为包括自然资源的开采、中介以及电信经营者的行为。该法还对商人的行为能力、商人的会计义务以及商事行为的时效做了规定。

修订后的《一般商法统一法》引进了"个体经营者"概念（该法英文版使用了"entrepreneur"一词，而该法法语文本使用的是"entreprenant"一词）。根据该法第 30 条，个体经营者是指在商业、农业，或民事领域包括诸如会计或法律服务等被认为不是商业行为的职业，或在纺织行业从事职业活动的个体企业主。从这一定义可以看出，个体经营者最为重要的特征是，他是在经济领域从事活动的单一自然人。这一概念的纳入不仅只是多了一套新的规定，更为重要的是，它在 OHADA 地区增设了一个新类型的经济行为者。个体经营者在此前的统一法文本中可能会被视为"商

---

① 该法的英文版和法文版可在 www.ohada.com 网站上找到。
② 《一般商法统一法》第 2 条。

人"。根据修订后的统一法，个体经营者经营的是一个相对较小的企业，所以，对于个体经营者来说，有关强制提交的文件更少，手续更为简便。该法同样规定了个体经营者身份的取得和丧失，以及其相关义务。

2. 商事和动产信用登记

该法为商事登记规定了一个集中化体制，即商事与动产信用登记。商事和动产信用登记的主要作用是对商人进行登记，以及对动产担保进行登记，使得债权人和潜在的合同当事人能够获得有关对方法律地位和负债信息，以确保交易安全。

根据该法的规定，在任一成员国内设立的所有商业公司和个体商人以及外国公司的分支机构，必须在注册后、设立后 1 个月内，在商事和动产信用注册簿上进行登记。① 如果不遵守登记要求或进行虚假登记，会受到相关成员国国内法规定的刑事制裁。个体商人和公司分立身份的变更也必须进行登记。当个体商人或公司的商业活动已终止，或自然人死亡，或公司被清算且清算程序已完成 1 个月，或公司被宣布为无效或非法时，必须将个体商人或公司从注册簿上除名，并在官方公报中予以通告。②

商事和动产信用登记还对在股票、商业营业资产、证券、营业设施和机动车上设定的担保进行登记，它还要对规定有所有权保留等条款、租赁合同的详细情况以及税收、海关和社会保障机构应收费用和所享有的优先权的情况进行登记。当对担保进行登记时，受益人必须提交有权获得该担保的证据，如法院判决书或原始协议，同时向有管辖权的法院的书记室提交相应的表格。经审查合格后，书记室就会予以登记。经合法登记的担保可在法定期间内对抗第三人。

对于商事与动产信用登记，有三个层次的数据收集：由有管辖权的法院所保留的本地商事登记簿、由成员国国内登记总部所汇总的国内不同登记处的数据（或电子数据），以及由司法与仲裁共同法院所汇总的来自各成员国的地区数据库。这三个层次的数据收集迫切需要采用电子数据收集

① 《一般商法统一法》第 44 条、第 46 条。
② 《一般商法统一法》第 55 条、58 条。

和查询的方法，以加强 OHADA 地区数据登记的统一性和确定性。《一般商法统一法》第 81 条还设立了一个专门委员会，以监督统一成员国电子程序的规则的制定和适用。该委员会还负责确保电子程序的规则的发展与统一法设立层级制的数据收集方式的目标一致。

3. 商业租赁

商业租赁是指不动产所有人通过书面或非书面协议，允许任何自然人或法人在不动产所有人的建筑物内，从事经过不动产所有人同意的任何商业、工业、手工业或其他职业活动的行为。① 根据《一般商法统一法》第 101 条的规定，该法有关商业租赁的规定适用于下列类型的所有建筑物的租赁：该建筑物将用于商业、工业、手工艺或其他职业活动；或此类建筑物附属设施；或有关土地的租赁，在租赁合同签订前或签订后，该土地上已建设用于商业、工业、手工艺或其他职业活动的建筑物，如果此类房屋的建设或使用得到所有人的同意，或他已知悉这一情况。根据该法第 102 条的规定，上述有关商业租赁的规定不仅适用于私人公司，也适用于公法调整的公共公司，无论它们是作为出租人还是承租人。

《一般商法统一法》对双方当事人的义务作了规定，如租金的支付、被租赁房产的维修和维护，以及房产的转让和转租等。该法允许当事人自由约定采用定期租赁还是非定期租赁。如果承租人能够证明，他在所租赁的房屋内从事租赁协议中所约定的活动已至少 2 年，他就有权续租该房屋。②

4. 营业资产

在《一般商法统一法》中，"营业资产"（fond de commerce）是指能够使商人吸引和维持客户的一系列资源所构成的资产。根据该法的规定，它包括客户群、商品标志、商号，也包括动产（家具、货物和设备）和不动产（租赁权、经营许可和专利）。③

---

① 《一般商法统一法》第 103 条。
② 《一般商法统一法》第 123 条。
③ 《一般商法统一法》第 135 ~ 137 条。

营业资产可由所有者直接经营，也可根据租赁协议转让经营。租赁经营人必须具有商人身份，个体经营者不能进行这种经营。

《一般商法统一法》的创新之一就是，根据租赁经营协议，租赁经营人应支付两种不同的租金：一种是用于支付不动产租赁的租金，另外一种是用于支付其他营业资产的租金。这些规定同样调整整个营业资产的转让，营业资产的转让必须包括客户群、商号和商品标志的转让，这样转让才是完全的。[1]

5. 商业中介

商业中介是指被授权以其职业能力，代理一个或数个委托人与第三人缔结商业买卖合同的自然人或法人。商业中介作为商人，必须满足《一般商法统一法》中有关商人条件的规定。[2]《一般商法统一法》规定了三类商业中介：行纪商。行纪商是为获得佣金以自己的名义为委托人代理货物买卖事项的人；居间商。他们为不同的人牵线搭桥，以促成他们成功缔结合同或达成商事交易；商业代理人。他们受生产商、业主、商人或其他商业代理人的委托并以委托人的名义进行谈判，并最终达成买卖合同、雇佣合同或服务提供合同等。商业代理人不受雇佣合同的约束。《一般商法统一法》还对商业中介的作用、权力、他们行为的法律后果，以及报酬等事项做了详细规定。

6. 商事买卖

《一般商法统一法》中有关商事买卖的规定适用于商人或个体经营者之间的货物买卖合同以及为加工或生产提供货物的合同，无论他们是自然人还是法人。这些规定不适用于针对消费者的买卖、卖方的主要义务是提供服务或劳务的货物供应合同、扣押后的买卖、拍卖，以及有价证券、流通票据、电力、货币或外汇的买卖。[3]虽然该法明确排除了某些类型物品

---

① 穆罕穆德·巴巴·伊德里斯：《非洲商法的协调化：对法律、争议、问题和前景的分析》，克莱尔·莫尔·迪克森编《非洲统一商法：普通法视角中的 OHADA》，朱伟东译，中国政法大学出版社，2014 年 5 月第 1 版，第 45 页。

② 《一般商法统一法》第 169 条、第 170 条。

③ 《一般商法统一法》第 234～236 条。

的买卖，但它没有明确界定"货物"这一概念。

该法还详细规定了买卖合同的成立；当事人的义务，如卖方交付货物、瑕疵担保的义务，买方接收货物、支付货款的义务；合同效力，如对货物所有权和风险转移的影响；以及合同违约责任、责任免除、合同终止的效力和时效等。《一般商法统一法》还规定了所有权保留条款，即当事人可推迟转移货物的所有权，直到另一方当事人完全支付了货款。

该法的 2010 年修订文本对有关商事买卖的规定修改较少，最重要的修改是增加了一条有关不能履行合同以及不履行合同的责任的规定。特别值得关注的是第 281 条规定：在出现严重违约时，守约一方当事人可不经法院判决自行终止合同。这些有关合同履行和违约的新规定与罗马统一私法协会的《国际商事合同通则》以及联合国《国际货物销售合同公约》的规定是一致的。①

二 《商业公司和经济利益集团统一法》

《商业公司和经济利益集团统一法》最初是在 1997 年 4 月 17 日通过的，是最初通过的三部统一法之一。该法在 2014 年 1 月 30 日在布基纳法索的瓦加杜古通过了修订版，该法修订版自 2014 年 5 月 5 日生效。② 该法除总则"适用范围"外，共有 4 个部分，每部分又分为若干编、章、节，包含 920 条规定，使其成为"非洲商法协调组织所进行的改革中最宏大的部分"。③

该法四个部分的标题分别为"商业公司的一般规定"、"商业公司的特别规定"、"刑事规定"以及"杂项、过渡性和最终规定"。根据该法第 1 条规定，每一个注册办公室位于某一成员国地域内的商业公司，包括国

---

① 穆罕穆德·巴巴·伊德里斯：《非洲商法的协调化：对法律、争议、问题和前景的分析》，克莱尔·莫尔·迪克森编《非洲统一商法：普通法视角中的 OHADA》，朱伟东译，中国政法大学出版社，2014 年 5 月第 1 版，第 47 页。

② 该法的英文及法文文本可参见 www. ohada. com。

③ 鲍里斯·马特等：《非洲商法：OHADA 与统一化进程》，朱伟东译，英国全球市场简报出版公司，2008 年版，第 54 页。

家或受公法调整的公司、作为其股东的公司以及经济利益集团都要遵守该法的规定。

该法第一部分"商业公司的一般规定"共有九编，分别为：商业公司的成立；商业公司的运行；针对公司管理层的民事责任诉讼；公司之间的法律关系；商业公司的变更；公司合并及资产的部分转让；商业公司的解散与清算；公司及公司行为的撤销，以及程序事项。

该法第二部分"商业公司的特别规定"针对不同类型的商业公司分别作了不同的具体规定。该部分分别对涉及合股公司、① 简单两合公司、② 私人有限责任公司（private limited company）、③ 股份有限公司（public limited company）、④ 简易股份公司（simplified public limited company）、⑤ 财团（consortium）、⑥ 事实公司和事实合伙（de facto company, de facto partnership）⑦ 以及经济利益集团（economic interest group）⑧ 的事项作了详细规定。

该法第三部分对公司成立、管理、运行、大会、股份有限公司资本的变更、公司的审计、公司解散与清算以及资本公开募集过程中的各类刑事违法行为做了界定。《商业公司和经济利益集团统一法》并没有规定相应的刑事制裁措施，这需要根据成员国的国内法确定。

根据《商业公司和经济利益集团统一法》第四部分的规定，该法的规定立即适用于该法生效后成立的公司。对于该法生效前成立的公司，该法的适用有 2 年的过渡期，公司必须在此期间对公司章程进行修改或制定新的公司章程，以符合该法的规定。

---

① 该类公司的法语名称为"société en nom collectif"，简称 SNC，相当于普通法中的一般合伙（general partnership）。

② 该类公司的法语名称为"société en commandite simple"，简称 SCS，相当于普通法中的有限责任合伙（limited liability partnership）。

③ 该类公司的法语名称为"société à responsabilité limtée"（简称 SARL）。

④ 该类公司的法语名称为"société anonyme"（简称 SA），即股份有限公司。

⑤ 该类公司的法语名称为"Société par actions simplifiées"，即简易股份公司。

⑥ 该类公司的法语名称为"société en participation"，即隐名合伙公司。

⑦ 该类公司的法语名称为"société créed de fait et société de fait"，即事实公司。

⑧ 它的法语名称为"groupement d'intérêt économique"（简称 GIE）。

三 《担保统一法》

该法修订版在 2010 年 12 月 15 日在多哥首都洛美通过，修改后的文本自 2011 年 5 月 16 日生效。① 该法对担保权益做了广泛界定，共有 228 条规定，包括第一章总则性规定，对担保权益及其适用范围做了规定，接下来五章分别规定了保证、动产担保、不动产担保以及优先权。最后一章是最终条款。

《担保统一法》第 1 条将担保权界定为，根据每一成员国的法律或根据当事人之间的协议，提供给债权人的、用以保证债务得以履行的权利，无论债务的法律性质如何。该法修订后的文本明确规定了可以对将来的、附条件的、不附条件的、固定的以及浮动的债务设立担保，只要这些债务可以充分确定。能够以自己名义且可以作为担保代理机构行事的国内或外国金融机构、信贷机构，可以为债权人利益设立、完成、管理或执行担保权益。以此种能力行事的担保机构可以在自担保权的成立/完成直至担保权益的执行过程中就涉及担保的事项代表担保债权人。② 该法第 9 条规定，当为了担保权人的利益，需要转移担保物的所有权时，转移至担保代理机构的担保物就构成专用财产，它与担保代理机构的财产是相互独立的。这样，当担保代理机构破产时，担保财产仍会受到保护。

该法规定的担保类型包括保证、动产担保和不动产担保。保证是个人或实体对债务人债务的一种承诺，在债务人不履行债务或保证受益人第一次提出请求时，负责偿还债务人所欠债务。③ 保证有下列形式：履约保证、保函或反担保函。④ 履约保证是担保人和债权人之间的一种合同，根据该合同，担保人承诺在债务人不履行债务时履行其债务。担保合同可能无须取得债务人的授权，甚至可以在债务人不知悉的情况下订立。除非当

---

① 该法修订版的英文和法文文本参见 www.oahda.com。
② 《担保统一法》第 5、8 条。
③ 《担保统一法》第 4 条。
④ 《担保统一法》第 12 条。

事人有协议约定或有明确的法律规定，担保人与债务人一起承担连带责任。① 担保函是担保人承诺在收到担保受益人的首次请求时，向其支付固定款项的一种协议。② 反担保函是反担保人承诺在收到担保人的首次请求时，向其支付固定款项的一种协议。③ 担保函和反担保函必须书面做成，并且不能由自然人做出，否则会被认定为无效。

根据《担保统一法》第 50 条，动产担保有占有留置、公司动产质押、有形或无形动产质押。占有留置是指合法占有债务人财产的债权人可以保留该占有，直至债务人对其进行完全支付。如果债权人的请求权是确定的、已经到期，并且债务和占有的财产之间有联系，债权人就可在该财产被扣押前行使留置权。如果对财产的占有和债务是因债权人和债务人之间的商业往来而产生的，就可认为债务和占有的财产之间有联系。有形动产质押是指根据合同将有形动产交付给债权人或第三人，作为支付债务的担保。④ 根据该法，可以为过去的、将来的或可能的债务设立有形动产质押，只要这些债务不是可撤销的。无形动产质押是指对一种或一组现时或将来的无形动产设定质押，以担保现时或将来的债务的实现，只要债务是确定的或可以确定的。根据《担保统一法》第 125 条，此类担保可根据合同或法院判决实现。可以设定无形动产质押的财产仅限于该法第 126 条所明确列举的财产，包括债权、银行账户、股权（等此类票据）、营业资产及知识产权。

该法第 190 条规定的不动产担保的形式是抵押，是指对属于抵押人的确定的或可确定的不动产设定抵押权，以担保现时或将来一种或数种债务的实现。抵押权人对抵押的不动产有追索权和留置权。该法对根据合同设定的合同抵押和根据法律或法院裁定设立的强制抵押做了区分。

《担保统一法》第 226 条还对不同类型的动产担保权益和不动产担保权益的清偿顺序做了明确规定。

---

① 《担保统一法》第 12、13 条。
② 《担保统一法》第 39 条。
③ 《担保统一法》第 39 条。
④ 《担保统一法》第 92 条。

四 《公路货物运输合同统一法》

2003 年 5 月 22 日，《公路货物运输合同统一法》在喀麦隆首都雅温得通过，已于 2004 年 1 月 1 日生效。该法深受 1956 年 5 月 19 日签订的《国际公路货物运输合同日内瓦公约》（简称为 CMR）的影响，二者的许多法律规定非常相似。《公路货物运输合同统一法》仅有 31 条规定，分为 7 章，分别涉及适用范围、运输合同及文件、运输合同的履行、承运人的责任、争议解决、杂项规定以及最终条款。①

本法适用于货物的接收地和交付地都位于非洲商法协调组织成员国国内，或位于两个不同国家但其中一国是非洲商法协调组织成员国内的公路货物运输合同。该法的适用并不考虑货物运输合同当事人的国籍和住所。② 该法不适用于运输危险货物、丧葬运输、家具搬迁的合同，也不适用于根据任何国际邮政公约条款所履行的运输。③ 此外，对于该法生效前已订立的国际陆路货物运输合同，该法也不适用。此类合同仍要适用该合同订立时应适用的法律。④

五 《破产法统一法》

《破产法统一法》的修订版于 2015 年 9 月 10 日在科特迪瓦的大巴桑通过，已于 2015 年 12 月 24 日生效。⑤ 除总则外，该法共有 8 编 258 条规定，这 8 编分别涉及司法管理人员、预防性程序（preventive procedures）、重整与财产清算、个人破产与重整、重整和财产清算中的上诉、破产和刑事事项、国际破产程序、过渡性及最终条款。

该法规定了三种不同类型的清偿债务的集体程序：预防性解决程序（règlement préventif），司法重整程序（redressement judiciaire）以及司法

---

① 该法英文及法文文本参见 www.ohada.com。
② 《公路货物运输合同统一法》第 1 条。
③ 《公路货物运输合同统一法》第 1 条第 2 款、第 2 条。
④ 《公路货物运输合同统一法》第 30 条。
⑤ 该法的英文版和法文版参见 www.oahda.com 网站。

清算程序（liquidation judiciaire）。该法还制订有专门适用于在几个成员国内同时进行的跨国集体程序的规定。

根据《破产法统一法》的规定，预防性解决程序是一种意图避免经营者破产或终止经营，并允许通过和解协议（concordilt preventif）清偿债务的程序。司法重整程序是债务人通过与债权人达成重整协议的方式，以使企业摆脱困境并清偿债务的程序。和预防性解决程序一样，任何从事商业活动的个人，或从事商业或非商业活动的法人包括公有公司，都可利用这一程序。决定是否采用预防性解决程序，还是司法重整程序的基本条件是，相关公司是否具有清偿能力。司法清算程序是通过执行债务人的财产以清偿其所欠债务的程序。和司法重整程序一样，任何从事商事活动的自然人以及任何从事商事或非商事活动的法人包括公有公司，均可启动司法清算程序，只要它们不具有清偿能力。

《破产法统一法》还明确规定了对跨国破产程序的承认，包括对非洲商法协调组织成员国内破产程序的承认以及对非洲商法协调组织以外其他国家内进行的破产程序的承认。同时，该法还规定了在跨国破产程序中与外国法院及司法管理人的合作等相关事项。该法有关跨国破产程序的规定看来是受到了联合国国际贸易法委员会《跨国破产示范法》、欧盟《破产程序公约》及欧盟《破产的某些国际事项公约》启发。这些国际法律文件的目的是推动有关国家在跨国破产事项方面进行合作与协调。

六 《债务追偿简易程序和执行措施统一法》

1998 年 4 月 10 日该法在加蓬首都利伯维尔通过，并于同年 7 月 10 日生效。该法超越了单纯的商法范围，因为它会引发对有关债务追偿和执行的民事程序进行全面的改革。这种改革同样势在必行：在非洲商法协调组织成员国中，只有马里在 1994 年制定了符合现今经济和社会状况的相关现代制度，而其他国家的相关立法最新的也要追溯至 20 世纪 70 年代，有一些成员国的立法甚至可追溯至殖民时代。非洲商法协调组织这一新的立法，在一定程度上使投资者和贷款方相信，在必要的情况下，他们有可资利用的法律程序以追回他们的债权。①

《债务追偿简易程序和执行措施统一法》除总则外，只有两编，共338条规定。这两编的标题分别为"债务追偿简易程序"和"执行程序"。"债务追偿简易程序"部分规定了两类令状：传统的支付令（order for payment, l'injonction de payer）及颇具创新的财产交付或返还令（order for delivery or restitution of tangible assets, l'injonction de délivrer or de restituer un bien）。只要债务或义务争议不大，或只要债务人没有提出任何异议，就可适用此类程序。根据该法规定，如果符合下列条件，债权人就可请求法院发出支付令：债务是确定的、可追偿的、并已到期；或债务是合同之债，或因签发或承兑没有足够金额的任何流通票据或支票而产生。② 对于财产交付或返还令，只要符合下列条件，当事人就可申请：所涉财产必须是确定的财产、有形财产及动产，且申请人应确认他有权要求交付或返还该特定财产。③

《债务追偿简易程序和执行措施统一法》规定的执行措施可分为两大独立类型：临时或保全措施（conservative measures, les measures conservatoires）以及严格意义上的判决执行措施（enforcement）。债权人可通过临时或保全措施，在案件实体审理的最终判决做出前，获得债务的担保。债权人可通过判决执行程序针对债务人的财产执行一项判决。这两类主要执行措施还可分为更具体的不同类型的执行措施，这要视所扣押的财产或债务的性质而定。

七 《合作社统一法》

2010年12月15日，《合作社统一法》在多哥首都洛美通过，2011年5月16日生效。该法有4个部分，共有397条规定，对合作社（société coopérative）做了系统规定。该法第一部分是适用于合作社的一般规定，

---

① 鲍里斯·马特等：《非洲商法：OHADA与统一化进程》，朱伟东译，英国全球市场简报出版公司，2008年版，第214页。

② 《债务追偿简易程序和执行措施统一法》第1条、2条。

③ 《债务追偿简易程序和执行措施统一法》第19条。

包括合作社的成立、结构、管理人员的责任、合作社内部的法律关系、合作社的变更、兼并与分立、解散和清算以及合作社及其行为的撤销；第二部分对不同类型的合作社做了具体规定，第三部分是有关合作社的刑事规定，第四部分是最终条款。

根据该法的规定，合作社是具有独立性团体的人们（自然人或法人）的自愿结合，以满足他们的经济、社会和文化目的和需求。[①] 该法第 6 条规定，所有的合作社必须根据下列原则成立并进行管理：入社自愿和开放办社；成员实行民主管理；成员的经济参与；独立自主；教育、培训和信息；合作社之间彼此合作；以及自愿服务社区。这些原则具有普遍性，与《国际合作社联盟》的要求是一致的。

该法规定的合作社有两类：一类是简易合作社（simplified cooperative，Société coopérative simplifiée），另一类是设有董事会的合作社（cooperative with board of directors，la société coopérative avec conseil d'administration）。这两类合作社之间的主要区别在于它们成立的要求以及内部结构不同，例如，简易合作社至少有 5 名成员，而设有董事会的合作社至少有 15 名成员。该法对这两类合作社的规定相当灵活，合作社成员之间可以通过合同对许多事项做出安排。但这种自由需谨慎行使，以与上面提到的民主管理原则相平衡。[②]

八 《会计法统一法》

2000 年 3 月 24 日，《会计法统一法》在雅温得通过。该法为位于成员国国内的公司确立了统一化的会计制度，对会计组织、提交年度账目的义务、净利润的计算和确定规则、审计、会计信息的公开、综合账目，以及刑事制裁有全面的规定。

该法对不同账目规定了不同生效日期：对于公司的单独账目

---

① 《合作社统一法》第 1 条。

② 穆罕穆德·巴巴·伊德里斯：《非洲商法的协调化：对法律、争议、问题和前景的分析》，克莱尔·莫尔·迪克森编《非洲统一商法：普通法视角中的 OHADA》，朱伟东译，中国政法大学出版社，2014 年 5 月第 1 版，第 58 页。

（individual accounts），该法自 2001 年 1 月 1 日起生效，如果该账目涉及自该日起开始的会计年度所发生的交易和公司账目。单独账目是指不是与另外的其他公司账目相综合或联合的账户。对于公司的统一账目（consolidated accounts）和混合账目（combined accounts），该法自 2002 年 1 月 1 日起生效，如果该账目涉及自该日起开始的会计年度所发生的交易和公司账目。

该法规定了在非洲商法协调组织成员国从事营业活动的商人必须遵守的各类会计制度。该法适用于作为成员国国民或在成员国从事经济活动的自然人或法人的个人账目。该法还规定了年度财务报表应包含的信息，以确保财务报表规范、真实。它规定了成员国国内应采用的会计制度，并为账户的评估和设立制定了相应规则。该法还对其他事项，如财务文件的证据价值、账户收集以及会计信息公开等做了规定。

非洲其他地区性组织也有专门的会计制度，如西非国家经济货币联盟就已确立了被称为"西非会计体系"（SYSCOA）的会计制度。由于西非会计体系的存在以及目前倾向采纳国际会计准则的趋势，有人可能会对《会计法统一法》的效用表示疑问。[①] 为了使非洲商法协调组织的会计法律制度更符合当地情况并反映国际会计准则的标准，非洲商法协调组织于 2017 年 1 月 26 日在刚果共和国首都布拉柴维尔通过了新的《会计法与财务报告统一法》，该法于 2018 年 1 月 1 日生效，以取代旧的《会计法统一法》。[②] 新法共有四章，分别涉及公司单独账目、公司统一账目和混合账目、刑事规定以及过渡条款。同时，该法还专门附上了非洲商法协调组织会计体系（SYSCOHADA），以供财务人员参考。

九　《仲裁统一法》

《仲裁统一法》于 1999 年 3 月 11 日通过，于 1999 年 6 月 11 日生

---

① 鲍里斯·马特等：《非洲商法：OHADA 与统一化进程》，朱伟东译，英国全球市场简报出版公司，2008 版，第 132 页。

② 该法法文版参见：http：//www.ohada.com/actes - uniformes.html。

效。[1] 该法是仿照联合国国际贸易法委员会《国际商事仲裁示范法》制定的，适用于仲裁地位于非洲商法协调组织成员国内的所有仲裁，无论仲裁的当事人是来自非洲商法协调组织的成员国，还是其他国家。《仲裁统一法》的许多规定都是任意性的，当事人可自己约定仲裁规则，或因诉诸其他机构仲裁而选择适用其他的规则以排除该法中的某些规定。因此，在某一成员国国内进行的任何临时仲裁，都应受《仲裁统一法》和当事人之间约定的其他安排调整，只要《仲裁统一法》允许当事人做出此类安排。如果当事人约定了机构仲裁，并且仲裁庭所在地位于某一成员国国内，《仲裁统一法》仍可适用，但它只是对当事人选择的机构仲裁规则进行必要的补充。

根据《仲裁统一法》第 2 条规定，可通过仲裁方式解决的事项不限于商事事项。任何涉及可以自由处置的权利的事项均可提交仲裁。这表明任何不涉及需要公共机构干预的权利的争议都可提交仲裁解决。该法第 2 条还规定，自然人和法人都可将争议提交仲裁，特别是国家或其他地方公共机构以及公有公司也可将争议提交仲裁。此类实体不能以本国国内法中的规定，来辩解说所涉争议不能提交仲裁，或称自己没有订立仲裁协议的能力，或仲裁协议是无效的。这对于那些需要和公共机构或公司进行合资或参与私有化的外国投资者来说，该规定的意义不可小觑，因为它可以避免基于国家管辖权豁免而提出的抗辩。但是，其仍然存在裁决的执行问题，这可能会遇到一些因基于主权执行豁免提出的抗辩而产生的难题。[2]

2017 年 11 月 23 日，《仲裁统一法》的修订版在几内亚首都科纳克里通过。[3] 修订后的《仲裁统一法》对仲裁协议、仲裁员等许多方面的规定进行了修改，特别是明确规定修订后的仲裁法也可适用于根据投资法、双边投资保护条约或多边投资保护条约提起的仲裁，这就使得投资仲裁也可

---

① 该法英文版和法文版参见 www.ohada.com。

② 鲍里斯·马特等：《非洲商法：OHADA 与统一化进程》，朱伟东译，英国全球市场简报出版公司，2008 年版，第 242 页。

③ 该法目前只有法文版：http://www.ohada.com/content/newsletters/3857/Acte - Uniforme - relatif - au - droit - d - arbitrage - 2017.pdf。

纳入该法的调整范围，有利于外国投资者利用该法就在非洲商法协调组织成员国内发生的投资争议提起仲裁。根据修订后的《仲裁统一法》有关生效的规定，该法在 2018 年 2 月 23 日生效。本书第四章在探讨非洲商法协调组织的争端解决程序时，会详细介绍该法的相关规定。

十 《调解统一法》

仲裁与调解等非诉争端解决方式在非洲有悠久传统。在西方殖民者到达非洲之前，在非洲广大农村地区就存在着将争议提交给族长或氏族长者通过仲裁或调解进行解决的传统。[1] 非洲国家独立后，在追求法律现代化的过程中，曾一度冷落了传统的仲裁、调解等争议解决方式。近年来，非洲国家又开始重视传统法律文化以及传统争议解决方式在现代生活中所具有的作用和意义，并通过相关立法使传统的争议解决方式与现代国际实践相结合，以适应非洲地区现代商业发展的需求。在这种背景下，非洲商法协调组织在 2017 年 11 月 23 日在几内亚首都科纳克里通过了《调解统一法》。[2] 本书第四章将会对该法进行详细分析。

---

[1] 洪永红、夏新华等：《非洲法导论》，湖南人民出版社，2000 年第 1 版，第 82 页。

[2] 该法目前只有法文版：http://www.ohada.com/content/newsletters/3857/Acte－Uniforme－sur－la－Mediation.pdf。

第四章

非洲商法协调组织的争端解决程序

根据对上述《非洲商法协调条约》和统一法的分析，可以看出，在非洲商法协调组织内存在着根据条约、统一法进行的诉讼程序、仲裁程序和调解程序。但是，需要注意的是，根据《非洲商法协调条约》的规定，非洲商法协调组织的司法与仲裁共同法院既可作为成员国国内法院的最高法院审理涉及统一法的诉讼案件，也可作为仲裁管理机构监督并指导根据该条约规定在该法院内进行的仲裁程序。而对于在非洲商法协调组织某一成员国内进行的临时仲裁或调解以及机构仲裁或调解，则要根据《仲裁统一法》和《调解统一法》的相关规定进行。对于《仲裁统一法》和《调解统一法》中的某些事项，如仲裁员或调解员的指定、仲裁裁决或调解书的承认与执行等，可能仍然需要司法与仲裁共同法院的协助。上述条约和统一法为当事人提供了可选择的多种争议解决方式，有利于各类商事争议、投资争议的顺利解决。

第一节　司法与仲裁共同法院内的诉讼程序

根据《非洲商法协调条约》第 14 条的规定，司法与仲裁共同法院对涉及该组织所通过的统一法调整的所有商事事项具有管辖权，但涉及刑事处罚的事项除外，成员国对此有专属管辖权。司法与仲裁共同法院只是作为成员国的最高上诉机构行使管辖权，即它仅有权受理针对成员国上诉法院判决提起的上诉，或针对成员国低级法院做出，但不得提起普通上诉的判决提起的上诉。

一　司法与仲裁共同法院受理诉讼的种类

司法与仲裁共同法院受理的诉讼案件主要包括两类：一类是当事人针对成员国国内上诉法院做出的涉及统一法适用的判决提起的上诉，或当事人对成员国国内最高法院的管辖权有异议而提起的上诉；另一类是成员国国内最高法院审理涉及统一法适用的案件的上诉时，认为自己对该案无管辖权，将案件移送给司法与仲裁共同法院。

在当事人对成员国最高法院的管辖权有异议而提起上诉的情况下，如司法与仲裁共同法院裁定成员国最高法院错误行使了管辖权，该最高法院做出的判决将被认定为无效，任一方当事人在收到司法与仲裁共同法院裁定的 2 个月内，可向司法与仲裁共同法院提起上诉请求该法院就案件做出最终判决。在国内最高法院认为自己没有管辖权而将案件移送给司法与仲裁共同法院时，该法院对案件不再具有管辖权，它应将所有案件材料转交司法与仲裁共同法院。司法与仲裁共同法院收到材料后，会通知案件当事人，以便他们在该法院进行诉讼。

二　司法与仲裁共同法院诉讼程序的启动和进行

非洲商法协调组织部长委员会在 1996 年 4 月 18 日通过的《司法与仲裁共同法院程序规则》（以下简称《程序规则》）对上述两类案件的审理规定了非常详尽的程序。① 2014 年 1 月 30 日，部长委员会在布基纳法索通过了该程序规则的修订版，根据 2008 年修订后的《非洲商法协调条约》的相关规定，对原程序规则做了相应修订。② 根据《程序规则》，③当事人必须在此类诉讼程序中聘请律师进行代理。任一成员国的律师都可以律师身份在共同法院内进行诉讼代理活动，但他需要向共同法院提供他在某一成员国内具有律师身份的证明以及当事人的特别授权书。如果律师

---

① 该程序规则的英文版和法文版参见 www.ohada.com。
② 修订版、英文版和法文版参见 www.ohada.com。
③ 除非明确指明，下文《程序规则》均指修订后的《程序规则》。

在共同法院内的行为触犯了法院的尊严或滥用代理权，共同法院可在任何时间通过决定将其驱逐出法院程序。如发生此种情况，共同法院院长会中止案件审理，直至相关当事人任命了新的代理律师。[1]

共同法院司法文书的送达可以附回执的挂号信、快递、电子邮件、传真或任何其他留有书面记录的通信方式进行。此类书面记录应经共同法院书记官长做成并证实为真。[2] 如果根据《非洲商法协调条约》或《程序规则》的规定，需要在某一特定时效期限内完成或履行某一行为或手续，该时效应自相关行为、事件、决定或通知发生或做出之日起计算，当日时间不计算在时效期限内。时效期间包括公共假日、周六、周日，但如果时效期间最后一日是上述时间，则时效顺延至紧邻的那个工作日。共同法院会对成员国的公共假日做一清单，并在非洲商法协调组织的《官方公报》上发布。共同法院在确定有关程序的时效时，会考虑当事人距离该法院的远近，并将确定的时效在《官方公报》上发布。[3]

一旦当事人将案件提交给共同法院，共同法院院长就会指定一名报告法官（Judge-Rapporteur），由他负责协调案件的调查工作并向共同法院进行汇报。共同法院院长在考虑到案件数量及可资利用的资金后，会指定一定数量的书记职员协助该法官履行职责。[4] 此后，案件就进入诉讼程序。根据《程序规则》的规定，共同法院内的诉讼程序可采用书面方式和口头方式进行。

（一）书面程序

当事人提交的所有诉讼程序文书原件应由其代理律师进行签署。此类文书以及文书中提到的各类附件应提交给共同法院一份，同时按照所涉当事方人数提交相应份数。提交此类文书的当事人应证实此类文书为真。所有诉讼程序文书须首先提交给共同法院的书记处，并根据交存日期确定有

---

① 《司法与仲裁共同法院程序规则》第 23 条。

② 《司法与仲裁共同法院程序规则》第 24 条。

③ 《司法与仲裁共同法院程序规则》第 25 条。

④ 《司法与仲裁共同法院程序规则》第 26 条。

关的诉讼程序时效。①

修订后的《程序规则》根据 2008 年的《非洲商法协调条约》第 42 条对司法与仲裁共同法院的工作语言专门做了具体规定。根据该规定，如果诉讼程序中的被告方是非洲商法协调组织的某一成员国，则诉讼程序应适用该成员国的官方语言；如果某一成员国有多种官方语言，则原告可以选择对其便利的那种语言。在其他情况下，应由原告选择诉讼程序所适用的语言。所选定的程序语言应适用于程序中的所有通信和文书包括证据文件和支持性文件，以及共同法院的记录和判决。以其他语言提交的证据或支持性文件应附有所选定的程序语言的译本。但如果此类证据或支持性文件过多，也可以只提交摘要的译本。在任何情况下，共同体法院可依职权或应一方当事人的请求，要求提供此类文件的更为完整和详细的译本。②

如果共同法院受理的是任一方当事人对国内上诉法院的判决提起的上诉，则当事人必须在收到成员国国内法院判决通知后的 2 个月内提出。向共同法院提起的上诉书中必须载明下列内容：申请人的姓名和地址；另一方当事人和其律师的姓名和地址；上诉申请的诉讼请求及其理由。上诉申请书中还须提及相关的统一法及《程序规则》的有关规定，并指明根据哪一规定，当事人有理由向共同法院提起上诉。此外，还应附有成员国国内法院的判决以及申请人获得该判决通知的日期。③

一般情况下，共同法院的诉讼程序是在其所在地科特迪瓦的阿比让进行。为便于程序的进行，申请人最好在上诉申请书中指明一个文书送达地址以及经授权并同意接受共同法院司法文书的人员的姓名。申请书中也可指明由登记住所在某一成员国国内的律师接收通过电子邮件、传真或其他留有书面记录的任何其他方式送达的司法文书。④

如果上诉申请人是一个法律实体，它就应在上诉申请书中附上公司章程或最近的动产与信用登记的记录，或其他任何可证明其合法存在的证

---

① 《司法与仲裁共同法院程序规则》第 27 条。
② 《司法与仲裁共同法院程序规则》第 27（a）条。
③ 《司法与仲裁共同法院程序规则》第 28 条第 1、2 款。
④ 《司法与仲裁共同法院程序规则》第 28 条第 3、4 款。

据，以及律师已得到该公司合格代表授权的证明。①

如果上诉申请书中没有满足上述条件，书记官长就可确定一个合理期限让申请人提交相关文件。如申请人不能在指定期限内提交相关文件，共同法院可裁定是否受理该上诉。②

《程序规则》第 28（a）条明确规定对成员国国内上诉法院判决的上诉应基于下列理由提起：违反法律；没有管辖权或超越权限；违反了法律所规定的导致无效的形式；没有说明理由、理由不充分或理由相互矛盾；没有对请求的事项做出处理或拒绝处理；歪曲案件事实或程序中的证据；缺乏法律依据；法定理由消失；没有对请求的事项做出裁定或对请求以外的事项做出裁定。

在当事人提交了完整的上诉材料，或在指定期限内补全了上诉材料且共同法院裁定接受上诉后，共同法院会将上诉情况通知给国内法院诉讼程序中的所有当事人。国内诉讼程序中的每一方当事人在接到共同法院的上诉通知后，可在 3 个月内提交答辩状。答辩状中应载明下列事项：提交答辩状的当事人的姓名和地址；该当事人收到上诉通知的日期；提出的答辩及证据。③ 共同法院院长在认为必要时，可在送达答辩状或上诉请求后的 15 天内，依职权或应一方当事人的申请，明示授权当事人提交有关案件的陈述材料和第二次答辩状或其他材料。如果共同法院院长授权当事人提交此类材料，他应确定提交此类材料的期限。④

如果一方当事人认为共同法院对上诉没有管辖权或不应受理上诉，他就应在首次提交答辩状的期限内提出反对意见。共同法院可单独就该反对意见做出裁定，或与案件实体问题一起就该反对意见做出裁决。如果共同法院明显对上诉没有管辖权，或上诉明显不能被接受或没有任何根据，它就可随时裁定宣布自己没有管辖权，或宣布上诉不能受理或驳回上诉，并说明理由。⑤

---

① 《司法与仲裁共同法院程序规则》第 28 条第 5 款。
② 《司法与仲裁共同法院程序规则》第 28 条第 6 款。
③ 《司法与仲裁共同法院程序规则》第 29 条、30 条。
④ 《司法与仲裁共同法院程序规则》第 31 条。
⑤ 《司法与仲裁共同法院程序规则》第 32 条第 1、2 款。

如果涉及书面程序或口头程序的几个问题性质相关，共同法院可下令对它们进行合并审理，也可对它们分别审理。①

（二）口头程序

共同法院的诉讼程序一般是通过书面方式进行的，但它可应一方当事人的请求对某些案件采用口头审理程序。在此情况下，书记官长应将共同法院院长做出口头审理的决定以及所确定的开庭审理日期通知各方当事人。②

口头程序应公开进行，除非共同法院有其他决定。共同法院院长应指导程序的进行，并维持法庭秩序。他还要确定当事人陈述的顺序。在诉讼程序过程中，院长可向当事人提问。经院长授权，每一法官也可平等地对当事人提问。③

书记官长应对庭审程序进行记录，该记录应经共同法院院长和书记官长签名。当事人可在法院书记处查询诉讼程序记录，并可进行复制。④

三　司法与仲裁共同法院诉讼程序的中断、撤销和终结

修订后的《程序规则》对诉讼程序中断（discontinuance）、撤销（removal）和终结（abatement）的规定作了大幅修改。根据新的规定，上诉申请人可单方中断他提出的程序。如果被申请人同意，或如果他没有提出反诉，或如果他未能做出回应，则程序的中断会自动结束相关程序。除非申请人表明他在明显地撤回诉讼时，程序的中断才能结束诉讼。程序的中断应由共同法院院长或法庭庭长通过决定予以记录。如果程序的中断发生在报告法官提交报告之后，则由共同法院做出的决定予以记录。⑤

如果当事人在诉讼程序中未能尽到审慎义务（diligence），不能按照规定期限进行诉讼活动时，司法与仲裁共同法院可通过撤销案件作为对当

---

① 《司法与仲裁共同法院程序规则》第33条。
② 《司法与仲裁共同法院程序规则》第34条第1、2款。
③ 《司法与仲裁共同法院程序规则》第35、36、37条。
④ 《司法与仲裁共同法院程序规则》第38条第1、2款。
⑤ 《司法与仲裁共同法院程序规则》第44条。

事人行为的惩罚。撤销案件是共同法院的一种管理措施。如果共同法院确信当事人履行了审慎义务，则案件可重新提起。[1]

如果自提交最后一次诉讼文书后的 2 年内，没有一方当事人尽到审慎义务，司法与仲裁共同法院就可终结程序。但终结程序不应导致请求的终止，它只是结束了程序，而没有对过去的程序提出反对或利用过去的程序。[2]

根据《程序规则》的规定，司法与仲裁共同法院可依职权或应当事人的请求做出撤销案件或终结程序的决定。在程序终止和程序终结的情况下，申请人应承担相应的费用。[3]

四　对程序的干预

根据《程序规则》第 45 条，成员国或对案件有利害关系的任何人都可对司法与仲裁共同法院内的诉讼程序进行干预，以支持一方当事人的诉讼请求。

书记处在收到上诉申请并进行登记后，会在非洲商法协调组织官方公报上发布通知，指明该申请的登记日期、当事人的姓名和地址及争议事项。欲对案件进行干预的当事人必须在该通知发布之日起的 3 个月内提出干预申请书。干预申请书中应载明下列事项：指明某一案件；争议的主要当事人；干预人的姓名和住所；干预人在司法与仲裁共同法院所在地选择的住所；干预请求事项及支持干预的观点；在不是成员国提出干预申请时，申请人应解释进行干预的理由。[4]

司法与仲裁共同法院会将干预申请书通知给各方当事人。院长在对干预申请做出裁定前，会给予当事人做出书面或口头意见的机会。如果共同法院接受干预申请，法院会将送达给当事人的所有法律文书寄送干预人。但如果一方当事人有请求，院长可以不将一些保密性材料寄送干预人。共

---

[1] 《司法与仲裁共同法院程序规则》第 44（a）条。
[2] 《司法与仲裁共同法院程序规则》第 44b 条。
[3] 《司法与仲裁共同法院程序规则》第 44c 条。
[4] 《司法与仲裁共同法院程序规则》第 45 条第 2 款。

同法院院长可确定一个期限，让干预人在期限内提交有关案件的书面陈述，院长也可确定当事人对此案件书面陈述做出答辩的期限。①

五 司法与仲裁共同法院的判决

(一) 判决书的内容及形式

根据《程序规则》第 39 条规定，共同法院做出的判决书中应载明下列内容：表明该判决书是由共同法院做出；判决书做出的日期；参与案件审理的法官的姓名及书记官长的姓名；案件当事人；当事人的律师的姓名；当事人的诉讼请求；案件事实摘要；判决书做出的理由；裁决的事项包括有关费用的决定。

共同法院的判决必须在当事人都已到庭的情况下公开宣布。共同法院院长和书记官长应在判决书正本上签字，该判决书正本应封存在书记处。判决书自做出之日起具有约束力。每一方当事人在支付相关费用后可获得经认证属实的判决书副本。② 共同法院院长可任命一个委员会对该法院的判例集进行出版。该委员会还应负责共同法院的其他出版事宜。③

《程序规则》第 43 条规定，共同法院应在终结诉讼程序的判决书中就相关费用做出决定。当事人可以主张的费用包括：在书记处进行相关诉讼文书登记的费用；当事人因参与诉讼程序所花费用特别是交通费、生活费及律师费用等；当事人为执行判决目的所花费用，该费用要根据执行国的执行费用标准确定。除非有其他例外原因，共同法院一般会下令由败诉方承担上述费用。如有数个败诉方，共同法院会下令由他们共同承担此类费用。如果共同法院没有对费用的分担做出决定，则每方当事人应承担各自的费用。

(二) 对司法与仲裁共同法院判决的异议

1. 第三人异议程序

在共同法院的诉讼程序中没有被传唤到庭的任何自然人或法人，如果

---

① 《司法与仲裁共同法院程序规则》第 45 条第 4、6 款。
② 《司法与仲裁共同法院程序规则》第 40、41 条。
③ 《司法与仲裁共同法院程序规则》第 42 条。

共同法院做出的判决损害了他们的权益，他们就可以第三人的身份对判决提出异议。有异议的第三人提出申请的程序按《程序规则》第 23～27 条的规定进行，此外，他们的异议申请书中应载明下列内容：明确指出他们持有异议的判决、阐明该判决在哪些方面损害了第三人的利益、表明有异议第三人不能参加法院诉讼程序的原因。该申请应针对诉讼程序中的所有当事人提出。[1]

如异议人的申请成立，共同法院应对做出的判决进行修改，以保护异议人的利益。根据第三人的异议做出的判决书应附在第三人持有异议的最初判决书后，且共同法院应在最初的判决书边缘指明该判决书应参考其后所附的、因第三人有异议而做出的判决书。[2]

2. 判决的复查程序

如果当事人发现有对案件判决结果有决定性影响的新证据，而共同法院在做出判决前不知晓该证据，当事人就可申请法院对判决进行复查。当事人应在获悉此类新证据之日起 3 个月内提出申请，自共同法院判决做出之日起满 10 年的，当事人不得再提出此类申请。只有在共同法院通过裁决明确记载了存在需要对案件判决进行复查的新证据，且该裁决明确宣布接受当事人提出的复查申请后，判决的复查程序才可进行。[3]

当事人提出的复查申请应根据《程序规则》第 23～27 条的规定进行。申请书中应载明司法与仲裁共同法院可以进行复查的上述要件。复查申请应针对该判决的所有当事人提出。当事人有权就是否接受该申请做出书面意见，此类意见应送达给复查申请人。共同法院可在听取案件所有当事人的观点后，就是否接受复查申请做出决定。如共同法院决定接受该申请，它就可为它认为必要的后续程序确定时效期限，以便对申请内容做出判决。共同法院就申请内容做出新判决后，该判决书应附在最初的判决书之后，并在最初的判决书边缘注明应参考其后所附的就申请内容做出的新

---

① 《司法与仲裁共同法院程序规则》第 47 条第 1 款。
② 《司法与仲裁共同法院程序规则》第 47 条第 2 款。
③ 《司法与仲裁共同法院程序规则》第 49 条。

判决。①

3. 判决的补正和解释

在当事人对判决书中的裁决内容的含义和范围有争议时,共同法院应对此做出解释。任一方当事人可在判决书做出之日起的 3 个月内要求共同法院做出解释。当事人要求解释的申请书要根据《程序规则》第 23 ~ 27 条规定的程序进行,申请书中应载明下列内容:有争议的判决及当事人要求共同法院进行解释的内容。②

司法与仲裁共同法院应在听取所有当事人的意见后对争议内容做出判决。做出解释的判决书正本应附在被解释的判决书的正本之后,且共同法院应在最初判决书的边缘注明该判决书应参考其后所附的对该判决进行解释的判决书。③

(三) 司法与仲裁共同法院判决的执行

《程序规则》为司法与仲裁共同法院判决的执行规定了非常简单的程序。根据《程序规则》第 46 条的规定,如果当事人希望到某一缔约国执行共同法院做出的判决,他就应向该缔约国专门负责处理共同法院判决执行申请的机构提出申请。每一缔约国会将其指定的专门处理此类申请的机构告知共同法院。缔约国的专门机构收到当事人要求执行共同法院判决的申请后,只会对该判决的真实性进行确认,如确认该判决真实,它就会签发执行令。共同法院判决的执行根据被请求执行国的国内民事程序法的规定进行。④

只有司法与仲裁共同法院才可通过裁定中止其判决的执行,任何成员国国内法院不得做出此类裁定。当事人可根据《程序规则》第 23 ~ 27 条规定的程序,提出中止执行共同法院判决的申请。该申请应通知给所有当事人,共同法院院长在收到此类申请后会确定一个较短的期限,以便当事

---

① 《司法与仲裁共同法院程序规则》第 50 条。
② 《司法与仲裁共同法院程序规则》第 48 条第 1、2、3 款。
③ 《司法与仲裁共同法院程序规则》第 48 条第 4 款。
④ 《司法与仲裁共同法院程序规则》第 46 条第 1 款。

人提交书面或口头意见。[1]

　　司法与仲裁共同法院院长在考虑当事人的意见后，会对中止判决执行的申请做出裁定，并在裁定中说明理由。该裁定应通知给所有当事人，当事人不得对该裁定提起上诉。不过，共同法院可应一方当事人的请求，随时修改或撤销该裁定。如果共同法院驳回中止判决执行的申请，提出该申请的当事人仍可以根据新的事实再次提出中止判决执行的申请。[2]

第二节　司法与仲裁共同法院内的仲裁程序

　　根据《非洲商法协调条约》的规定，司法与仲裁共同法院的职能有两种：即司法职能和仲裁职能。在仲裁职能方面，司法与仲裁共同法院仅充当仲裁中心的角色，它自己并不解决当事人提交的争议，它只是指定或确认仲裁员、听取仲裁程序进展情况及审查仲裁裁决等。它做出的决定仅具有行政性质，不具有司法判决的性质。在仲裁程序过程中，司法与仲裁共同法院的书记官长将作为仲裁机构的秘书长行事。

　　《非洲商法协调条约》对司法与仲裁共同法院的仲裁程序有具体的规定，同时该组织在 1999 年 3 月 11 日通过的《司法与仲裁共同法院仲裁规则》对条约中的规定作了进一步的详细补充。2017 年 11 月 23 日，非洲商法协调组织通过了新修订的《司法与仲裁共同法院仲裁规则》，该规则在 2018 年 2 月 23 日生效。本节根据《非洲商法协调条约》以及新修订的仲裁规则，来分析在司法与仲裁共同法院内进行的仲裁程序。

　　只有在争议与成员国具有某种联系时，才可利用司法与仲裁共同法院的仲裁程序。《非洲商法协调条约》第 21 条以及《司法与仲裁共同法院仲裁规则》第 2 条第 1 款规定，只有在下列情况下才可将合同争议提交司法与仲裁共同法院通过仲裁方式解决：当事人一方在某一成员国国内有住所或惯常居所；或合同的一部分或全部已在或将在某一成员国国内或多个

---

①　《司法与仲裁共同法院程序规则》第 46 条第 2、3 款。

②　《司法与仲裁共同法院程序规则》第 46 条第 4、5、6 款。

成员国国内履行。如果当事人已在合同中约定或在争议发生后双方同意将争议提交给司法与仲裁共同法院通过仲裁解决，则此类仲裁程序就必须遵守《非洲商法协调条约》及《司法与仲裁共同法院仲裁规则》的规定。修订后的《司法与仲裁共同法院仲裁规则》还规定，司法与仲裁共同法院还可管理依据投资法律文件特别是投资法、双边投资保护条约或多边投资条约提起的仲裁程序。这就扩大了司法与仲裁共同法院受理案件的范围，也方便外国投资者利用该机构解决投资争议。

一　仲裁协议

仲裁协议是仲裁大厦的基石，在整个仲裁程序中发挥着重要作用。《非洲商法协调条约》和《司法与仲裁共同法院仲裁规则》均没有规定仲裁协议必须以书面形式做成，但对于当事人而言，最好采用书面仲裁协议以避免日后出现争议。《非洲商法协调条约》和《司法与仲裁共同法院仲裁规则》没有单独就仲裁协议的形式做出规定，但对仲裁协议不存在以及仲裁协议的效力做了规定。在当事人之间表面上不存在采用《司法与仲裁共同法院仲裁规则》的初步仲裁协议的情况下，如果被申请人反对司法与仲裁共同法院的仲裁，或被申请人在 30 天内没有对仲裁申请做出回应，司法与仲裁共同法院可以根据秘书长的建议，在 30 天内决定是否受理仲裁请求。① 如果司法与仲裁共同法院认为存在有提交给它进行仲裁的表面协议，即便另一方当事人随后拒绝参与仲裁程序，仲裁程序仍可继续进行。②

《司法与仲裁共同法院仲裁规则》也采用了仲裁条款独立原则和仲裁庭自裁管辖权原则（competence-competence）。在一方当事人提出有关仲裁协议的存在、有效性及范围的异议时，如果司法与仲裁共同法院认为存在有表面的仲裁协议，它就可决定仲裁程序继续进行。在这种情况

---

① 《司法与仲裁共同法院仲裁规则》第 9 条。
② 《司法与仲裁共同法院仲裁规则》第 10 条第 2 款。

下，仲裁庭会决定自己对争议有无管辖权。① 在没有相反约定的情况下，如果仲裁庭认为仲裁协议有效，即使合同无效，仲裁庭仍可对争议做出裁决。②

二　仲裁庭的组成

根据《司法与仲裁共同法院仲裁规则》第 3 条，仲裁庭可由独任仲裁员或三名仲裁员组成。如果当事人没有对仲裁员人数做出约定，则司法与仲裁共同法院会指定独任仲裁员审理案件，除非案情表明需要指定三名仲裁员。如果当事人约定由独任仲裁员审理争议，他们可协议指定一名仲裁员，并经司法与仲裁共同法院确认。如果在收到一方当事人仲裁请求后的 30 天内，双方未能就独任仲裁员的指定达成协议，则由司法与仲裁共同法院做出指定。如果双方约定由三名仲裁员审理争议，则他们可在仲裁申请或仲裁答辩状中指定各自的仲裁员。如果一方当事人弃权做出指定，则由司法与仲裁共同法院替他做出指定。如果双方当事人没有约定第三名仲裁员由他们各自指定的仲裁员进行指定，则该仲裁员由司法与仲裁共同法院指定。如果双方当事人约定由他们各自指定的仲裁员指定第三名仲裁员，在这两名仲裁员无法就第三名仲裁员的指定达成一致意见时，仍由司法与仲裁共同法院指定第三名仲裁员。

《司法与仲裁共同法院仲裁规则》还对多方当事人仲裁的可能性做出了规定。该规则第 3 条第 1 款规定，当要求多方申请人或被申请人就仲裁员的指定做出共同建议，而他们不能在规定时间内就仲裁员的指定达成一致意见时，司法与仲裁共同法院应指定仲裁庭的所有成员。这样，就可避免在指定仲裁员时当事人带来的不平等待遇。

仲裁员应从司法与仲裁共同法院拟定的并且每年更新的仲裁员名单中进行选择。当司法与仲裁共同法院指定仲裁员时，它必须考虑到当事人的国籍、居所地、仲裁员和代理人的居所地、当事人所使用的语言、需要解

---

① 《司法与仲裁共同法院仲裁规则》第 10 条第 3 款。
② 《司法与仲裁共同法院仲裁规则》第 10 条第 4 款。

决争议的类型以及争议所适用的法律。

在当事人之间没有约定而由司法与仲裁共同法院指定仲裁员时，为尽快完成指定，司法与仲裁共同法院应根据下列程序做出指定：司法与仲裁共同法院秘书长会给双方当事人各提供一份至少含有三名候选人的相同名单，每一方当事人可在秘书长规定的期限内标出他们优先选择的仲裁员次序，或删掉他们反对的仲裁员名字。随后司法与仲裁共同法院会根据双方当事人选择的优先次序确定仲裁员。如果按照这种途径仍不能确定仲裁员，司法与仲裁共同法院就可根据自己的自由裁量权确定仲裁员。①

《司法与仲裁共同法院仲裁规则》要求所有仲裁员应独立于当事人，并且应向司法与仲裁共同法院秘书长报告任何可能使当事人怀疑其独立性的情形。在这种情况下，秘书长应向当事人书面说明情况并要求他们在规定期限内做出评论。司法与仲裁共同法院受理对仲裁员提出的异议。希望对仲裁员提出异议的当事人必须在收到仲裁员任命通知后30天内，或发现使异议成立的事实后30天内提出此种异议。在秘书长通知相关仲裁员、当事人以及仲裁庭的其他成员在规定期限内提出书面意见后，司法与仲裁共同法院应决定是否受理异议请求并在适当情况下对异议请求的实体问题做出处理。②

根据《司法与仲裁共同法院仲裁规则》的规定，仲裁员从原则上讲不能辞职，必须参与仲裁程序直到结束。③ 不过，如果存在充分理由，司法与仲裁共同法院可以接受仲裁员的辞职。如果当事人对仲裁员提出的异议成立，或仲裁员死亡或其辞职已被接受，则该仲裁员必须更换。如果仲裁员提出辞职但其辞职并未被接受，并且他拒绝继续参与仲裁，如果他是独任仲裁员或仲裁庭主席，就必须更换他。如果他是三人仲裁庭的普通成员，司法与仲裁共同法院在考虑仲裁程序的进程及两名留任仲裁员的意见后将决定是否更换他。如果司法与仲裁共同法院决定不应该更换他，仲裁

---

① 《司法与仲裁共同法院仲裁规则》第3条第3款。
② 《司法与仲裁共同法院仲裁规则》第4条第1、2款。
③ 《司法与仲裁共同法院仲裁规则》第4条第1款。

程序就会继续进行，并在他不参与的情况下做出仲裁裁决。[①]

如果仲裁员在法律上或事实上不能履行仲裁员的职责，或不能适当地履行职责，也可对其予以更换。在此种情况下，当事人和仲裁员包括所涉仲裁员都被要求做出自己的评价。当更换的仲裁员是当事人指定的仲裁员时，做出该指定的当事人可以对新仲裁员的指定发表意见，不过，司法与仲裁共同法院并不受该意见的约束。在上述情况下，仲裁庭重新组成时，仲裁庭在和当事人商议后决定是否应重复以前的仲裁程序。[②]

仲裁庭组成后，在某些情况下可以决定仲裁的庭审地点、仲裁的程序规则、争议的法律适用以及决定自己是否具有管辖权。例如，根据《司法与仲裁共同法院仲裁规则》第13条，如果当事人在仲裁协议及随后的协议中没有约定仲裁地点，则司法与仲裁共同法院在将仲裁文件转给仲裁庭之前会对仲裁地点做出决定。仲裁庭在与当事人协商后，可以在它认为适当的地点举行庭审和审议。如果相关情况导致仲裁无法在之前决定的地点进行，则司法与仲裁共同法院可应当事人或仲裁员的请求选择另一仲裁地点。仲裁程序的进行应适用《司法与仲裁共同法院仲裁规则》，如该仲裁规则没有相应规定，可适用当事人约定的规则，在当事人无约定时，仲裁庭可决定是否适用某一程序法。[③] 对于争议实体问题的法律适用，在当事人没有对争议所适用的法律做出约定时，仲裁庭可以适用它认为最适当的法律，但无论如何仲裁庭应考虑合同的条款以及国际商事惯例。此外，在当事人明确同意的情况下，仲裁庭还可作为友好调解人解决争议。[④]《司法与仲裁共同法院仲裁规则》第21条规定，如果当事人对仲裁庭审理全部或部分争议的管辖权提出异议，仲裁庭可在仲裁程序的任何时间对自己是否具有管辖权做出临时、部分或最终裁决。

---

① 《司法与仲裁共同法院仲裁规则》第4条第3款。
② 《司法与仲裁共同法院仲裁规则》第4条第4、5款。
③ 《司法与仲裁共同法院仲裁规则》第16条。
④ 《司法与仲裁共同法院仲裁规则》第17条。

三 仲裁程序

仲裁申请人向秘书长提出仲裁申请后，仲裁程序启动。仲裁申请必须包含一些《司法与仲裁共同法院仲裁规则》第 5 条所明确规定的信息，包括当事人的姓名、职业、商号、通信和电子邮箱地址以及为进行仲裁而选择的住所；当事人之间的仲裁协议或仲裁请求据以提起的其他法律文件；争议的摘要、申请人的请求以及相关证据；有关仲裁员人数及指定的建议；当事人之间有关仲裁地点、仲裁语言、适用于仲裁协议、仲裁程序以及仲裁实体问题的法律的约定，在无此类约定时，仲裁申请人就这些问题提出的建议。仲裁申请人在提交仲裁请求时，还应根据规定支付一定的费用。秘书长在收到仲裁请求后，会立即通知被申请人。秘书长收到仲裁申请的日期被认为是仲裁开始之日。[1]

被申请人必须自收到秘书长有关仲裁程序开始的通知之日起 30 天内对仲裁申请提出答辩。根据《司法与仲裁共同法院仲裁规则》的规定，答辩书除简要陈述对仲裁请求的立场外，被申请人还必须表明，他是否承认当事人之间存在有将争议提交司法与仲裁共同法院进行仲裁的仲裁协议书。[2] 同时，被申请人也可提出反请求，申请人可 30 天内对此进行答辩。[3] 一旦这些答辩完成后，或超过提交答辩的日期后，司法与仲裁共同法院就会决定预交的仲裁费用、在当事人没有约定仲裁地的情况下决定仲裁的所在地并启动仲裁程序。[4]

仲裁庭在收到相互交换的仲裁文书后，应最迟 45 天内举行一次仲裁庭和当事人的见面会，并起草备忘录以决定仲裁的目的以及某些程序事项。[5] 这些备忘录必须含有各方当事人简要的仲裁请求，当事人之间做出的有关仲裁地点、仲裁语言、所适用的程序规则和实体法以及仲裁协

---

[1] 《司法与仲裁共同法院仲裁规则》第 5 条。
[2] 《司法与仲裁共同法院仲裁规则》第 6 条。
[3] 《司法与仲裁共同法院仲裁规则》第 7 条。
[4] 《司法与仲裁共同法院仲裁规则》第 7、8 条。
[5] 《司法与仲裁共同法院仲裁规则》第 15 条。

议准据法的任何约定。若当事人没有约定仲裁所使用的语言，仲裁庭与当事人协商后应对该问题迅速做出决定。在此次会议上，仲裁庭还必须询问当事人是否希望仲裁庭充当友好调解人的角色，并根据公平原则做出裁决。

最后，仲裁庭还会采取一些适当措施以有利于仲裁程序的顺利进行，它会确定一个临时的日程表，包括庭审日期等。除非当事人另有约定，庭审日期应确定在此次见面会后的六个月内。[①] 不过，如果必要，仲裁庭可以主动或应当事人的请求对临时日程表做出修正。在此情况下，修改后的日程表应提交给司法与仲裁共同法院。仲裁裁决必须在仲裁程序结束之日起 90 天内签署，司法与仲裁共同法院应仲裁庭的请求可延长该期限。[②]

仲裁庭所适用的程序规则就是《司法与仲裁共同法院仲裁规则》中所规定的规则。在《司法与仲裁共同法院仲裁规则》无相应规定时，应适用当事人所约定的规则，若当事人无此约定，则由仲裁庭决定所适用的规则。仲裁庭可参考某一国国内的程序法，但这不是强制性的。[③] 仲裁庭必须适用当事人所选择的实体法，若当事人无此选择，则仲裁庭在考虑到合同条款和任何相关的国际商事惯例后，适用他认为最适当的法律。[④]

如果有一方当事人对仲裁庭的管辖权提出异议，他必须在第一次见面会上提出。如果存在有公共政策方面的原因时，仲裁庭也可主动在仲裁程序的任何阶段对其管辖权进行调查。在此种情况下，它要听取当事人的意见。在仲裁庭的管辖权受到质疑时，它可在临时裁决中或在对当事人有关实体问题的答辩庭审后做出的最终或部分裁决中对管辖权问题做出决定。[⑤]

除非当事人另有约定，仲裁庭在仲裁程序中有权下令采取临时或保全措施。如果实施此类措施必须执行令，则当事人可马上向司法与仲裁共同

---

① 《司法与仲裁共同法院仲裁规则》第 15 条第 1 款（f）。
② 《司法与仲裁共同法院仲裁规则》第 15 条第 3、4 款。
③ 《司法与仲裁共同法院仲裁规则》第 16 条。
④ 《司法与仲裁共同法院仲裁规则》第 17 条。
⑤ 《司法与仲裁共同法院仲裁规则》第 21 条。

法院院长或特别指定的司法与仲裁共同法院法官提出申请。如果案件还未在仲裁庭审理，或在紧急的例外情况下需要采取临时或保全措施，相关当事人可向成员国国内法院提出采取此类措施的申请，但司法与仲裁共同法院必须获得有关此类申请以及成员国国内法院下令采取的任何措施的通知，并且司法与仲裁共同法院必须随后将此情况通知给仲裁庭。①

四　追加当事人、多方当事人和多方合同

修订后的《司法与仲裁共同法院仲裁规则》根据国际上仲裁的发展趋势，增加了有关追加当事人、多方当事人和多方合同的规定，这些规定与国际商会仲裁院在 2017 年 3 月份通过的仲裁规则的规定十分相似。

《司法与仲裁共同法院仲裁规则》将追加当事人的情况分为两种：被动追加（intervention forcée）和主动追加（intervention volontaire）。《司法与仲裁共同法院仲裁规则》第 8 - 1 条规定了被动追加情况。根据该条规定，如果仲裁程序中一方的当事人希望追加受仲裁协议约束但未参与仲裁程序的人员，他就可向秘书长提出追加申请。在仲裁庭组成前，司法与仲裁共同法院决定提交此类追加申请的期限。如果在提交追加申请时，仲裁庭已经组成或仲裁员已被指定或已得到确认，追加申请将不会被受理，除非仲裁程序的当事人以及被追加人员都同意，而且仲裁庭在考虑到仲裁程序的进展后同意接受该申请。如果受仲裁协议约束但没有参与仲裁程序的人员希望加入仲裁程序（主动追加），他必须在仲裁庭组成前提出此类请求。在仲裁庭组成后，主动追加当事人的情况必须得到仲裁庭和所有当事人的事先同意。②

如果一项争议存在多方当事人，只要他们同意按照《司法与仲裁共同法院仲裁规则》进行仲裁，司法与仲裁共同法院就可启动仲裁程序。在此类多方当事人仲裁中，所有当事人都可针对其他当事人提出请求。提出仲裁请求的多方当事人应按照《司法与仲裁共同法院仲裁规则》第 5

---

①　《司法与仲裁共同法院仲裁规则》第 10 - 1 条。
②　《司法与仲裁共同法院仲裁规则》第 10 - 2 条。

条的规定提交相应的材料。在仲裁庭收到秘书长转交的所有仲裁文书后，它会决定提交新的请求的程序。[1]

根据《司法与仲裁共同法院仲裁规则》第 8-4 条规定，对于产生于多项合同或与多项合同有关的请求可以在单独一项仲裁中提出。如果此类请求是基于多个仲裁协议提出的，仲裁庭必须确信：所有当事人都同意按照本规则进行仲裁，而且这些仲裁协议之间存在一致性；以及所有当事人都同意在一个仲裁程序中解决这些请求。虽然该条规定借鉴了国际商会仲裁院 2017 年仲裁规则第 9 条和第 10 条有关多方合同和仲裁合并的规定，但二者存在一些不同。例如，根据国际商会仲裁院 2017 年的仲裁规则，对于根据多项仲裁协议提出的请求可以合并在一个仲裁程序中，但除要求这些仲裁协议存在一致性外，还要求仲裁是发生在相同当事人之间，且争议产生于相同的法律关系。从结构和具体规定来看，国际商会仲裁院的仲裁规则有关多方合同和合并仲裁的规定更为明确、科学、严谨。

五　仲裁程序的结束

在旧的《司法与仲裁共同法院仲裁规则》中没有有关仲裁程序结束的规定。修订后的《司法与仲裁共同法院仲裁规则》第 19-1 条规定，在下列情况下，仲裁庭可结束仲裁程序：在当事人根据程序日程安排提交最后一次有关实体问题的陈述后；或在仲裁申请人撤回仲裁请求后，除非被申请人提出反对而且仲裁庭认为它对于彻底解决争议具有合法利益；或仲裁庭确信仲裁程序的继续进行已无必要或已无可能。

在仲裁程序结束后，当事人不得提交新的请求和材料，也不得提出新的意见或证据，除非得到仲裁庭书面的明示同意。

六　仲裁裁决

（一）裁决的内容和形式

旧的《司法与仲裁共同法院仲裁规则》只是规定仲裁裁决必须说明

---

[1] 《司法与仲裁共同法院仲裁规则》第 8-3 条。

理由，但没有规定裁决必须包含的其他内容。修订后的《司法与仲裁共同法院仲裁规则》第 22 条第 1 款明确规定，除当事人有其他约定外，仲裁裁决应含有下列内容：做出裁决的仲裁员的姓名；做出裁决的日期；仲裁庭所在地；当事人的姓名、住所或商号；必要时，代理人或其他协助人员的姓名；以及有关各方当事人的要求、理由及仲裁阶段的说明。新的《司法与仲裁共同法院仲裁规则》同样要求仲裁裁决必须说明理由。如果仲裁庭是根据当事人授权作为友好调解人解决争议的，裁决中必须对此做出说明。仲裁裁决的做出地点就是仲裁地点，裁决的日期是经司法与仲裁共同法院审核后的签署日期。

仲裁裁决可根据当事人约定的程序和形式做出，如果当事人没有此种约定，在仲裁庭是由三名仲裁员组成的情况下，裁决应根据多数意见做出。仲裁员应在裁决上签名。如果一名或两名仲裁员拒绝签署，应在裁决书中注明，这并不影响仲裁裁决的效力。[①]

裁决签署前，有关仲裁庭管辖权的裁决草案、结束仲裁程序的部分裁决草案以及最终裁决草案必须提交秘书长供司法与仲裁共同法院进行审核。其他裁决无须事先审核，但要呈交司法与仲裁共同法院备案。司法与仲裁共同法院对裁决进行审核时，仅就形式方面的修正提出建议。如果裁决是最终裁决，司法与仲裁共同法院会就仲裁费用的最终数额向仲裁庭提出建议，并决定仲裁员的费用。最终裁决必须指明仲裁费用，并决定各方当事人所承担的比例。司法与仲裁共同法院应自收到裁决书草案后的一个月内完成审核。[②] 当事人付清仲裁费用后，秘书长会将签署后的仲裁裁决交给当事人。[③]

（二）裁决的修改、解释和补充

任何有关修改裁决中非实体性错误的请求、对裁决进行解释的请求，或对仲裁员没有审理的事项做出补充裁决的请求，必须在裁决交给当事人

[①] 《司法与仲裁共同法院仲裁规则》第 22 条第 3 款。

[②] 《司法与仲裁共同法院仲裁规则》第 23、24 条。

[③] 《司法与仲裁共同法院仲裁规则》第 25 条。

后的 30 天内向秘书长提出。秘书长在收到此类请求后马上转交给仲裁庭及对方当事人，并给予他们 30 天的期限提出自己的意见。如果仲裁庭不能重新组成，而且当事人无法就新仲裁庭的组成达成一致意见，司法与仲裁共同法院可以指定一名独任仲裁员来对仲裁裁决的解释、修改或补充做出处理。该独任仲裁员应自受理请求后的 45 天内做出新的裁决，该裁决仍应根据上述规定进行复核。

在复核程序中，如果任命了新的仲裁员，必须向其支付费用。如果没有任命新的仲裁员，当事人无须再向仲裁员支付费用。在当事人提出修改、解释或补充仲裁裁决的申请并且仲裁庭进行了审理的情况下，如果导致新的仲裁费用发生，在当事人提出的申请被仲裁庭完全驳回时，此类新的费用应由提出申请的当事人承担。否则，这些费用将根据裁决中确定的比例由各方承担。①

根据《司法与仲裁共同法院仲裁规则》签发的仲裁裁决在各成员国领域内具有最终既判力，和成员国国内法院做出的判决具有同等效力，可在任一成员国领域内得到执行。② 但此类裁决要在成员国国内得到执行，首先必须获得一个执行令。③

（三）裁决的撤销和执行

1. 裁决的撤销

在旧的《司法与仲裁共同法院仲裁规则》中，没有规定裁决的撤销程序，但规定当事人可对仲裁裁决的有效性和既判力向司法与仲裁共同法院提出异议。如果司法与仲裁共同法院认为仲裁裁决无效，也不具有既判力，它就可撤销仲裁裁决。旧的《司法与仲裁共同法院仲裁规则》没有明确规定当事人可以就仲裁裁决的有效性和既判力提出异议的理由，而且它还规定，此类异议不得依据反对执行令的理由提出，这就会在实践中给当事人提出此类异议带来极大麻烦。修订后的《司法与仲裁共同法院仲

---

① 《司法与仲裁共同法院仲裁规则》第 26 条。
② 《司法与仲裁共同法院仲裁规则》第 27 条。
③ 《司法与仲裁共同法院仲裁规则》第 30 条。

裁规则》没有再采用此类异议程序，而是明确规定了仲裁裁决的撤销程序。根据新的规则，当事人可以约定放弃利用撤销裁决这一程序，只要仲裁裁决不会因为违反国际公共政策而被撤销。如果当事人没有做出此类约定，他们就可利用这一程序寻求撤销一项仲裁裁决。当事人必须在收到仲裁裁决通知后的 2 个月内向司法与仲裁共同法院提出申请，并通知对方当事人。否则，司法与仲裁共同法院将不会受理该申请。撤销仲裁裁决的申请应依据下列理由提出：仲裁庭在没有仲裁协议或在仲裁协议无效或失效的情况下做出仲裁裁决；仲裁庭组成不当或独任仲裁员指定不当；仲裁庭越权裁决；仲裁庭没有遵守对抗制原则；仲裁裁决违反国际公共政策；仲裁裁决没有说明理由。①

司法与仲裁共同法院应在收到撤销裁决申请后的 6 个月内做出决定。如果司法与仲裁共同法院认为对裁决效力提出的异议理由充分，它就会宣布裁决无效。如果当事人提出请求，它可决定对争议进行重新审理。如果当事人没有要求司法与仲裁共同法院对争议进行重新审理，应仲裁程序中最审慎一方当事人的请求，仲裁程序可自被司法与仲裁共同法院认可有效的最后一次行为时重新开始。②

2. 裁决的执行

如果当事人希望执行司法与仲裁共同法院的仲裁裁决，他必须向司法与仲裁共同法院院长申请执行令（exequatur）。执行令由司法与仲裁共同法院院长或由他特别指定的法官签发。如果司法与仲裁共同法院院长或其指定的法官同意签发执行令，该执行令还必须通知被申请人。被申请人自收到执行令通知后的 15 天内可以提出反对执行令的意见。在此种情况下，司法与仲裁共同法院应召集双方当事人进行庭审。③ 只有在下列情况下，司法与仲裁共同法院才会拒绝签发执行令：仲裁庭在没有仲裁协议或在仲裁协议无效或失效的情况下做出裁决；或仲裁庭越权做出裁决；或仲裁庭

---

① 《司法与仲裁共同法院仲裁规则》第 29 条第 2 款。
② 《司法与仲裁共同法院仲裁规则》第 29 条第 5 款。
③ 《司法与仲裁共同法院仲裁规则》第 30 条第 1、2 款。

没有遵守对抗制原则；或仲裁裁决违反国际公共政策。[①] 如果执行令被法院拒绝，提出申请的当事人可在收到拒绝其申请的通知后 15 天内，向司法与仲裁共同法院提出请求。如果司法与仲裁共同法院院长在对被申请人的异议进行审理后，决定做出执行令，则当事人不得提起任何程序。[②]

第三节　根据《仲裁统一法》进行的仲裁

非洲商法协调组织在 2017 年 11 月 23 日通过了新的《仲裁统一法》以取代之前 1999 年 6 月 11 日生效的《仲裁统一法》。新的《仲裁统一法》在 2018 年 2 月 23 日生效。新法针对旧法中存在的一些过时的和含糊的规定进行了修改，明确了一些具体的期限，并根据国际上最新的仲裁立法趋势增加了许多新的内容。但新法并非完全推翻旧法的规定，而是在旧法的基础上做了相应的修正和澄清。与旧法相比，新的《仲裁统一法》更有利于争议的解决。本节将根据新的《仲裁统一法》的规定，对其仲裁程序做简单介绍。

一　《仲裁统一法》的适用范围

《仲裁统一法》第 1 条规定，该法适用于仲裁地位于非洲商法协调组织某一成员国国内的所有仲裁。该法没有对国内仲裁或国际仲裁进行区分，因此，无论在成员国内进行的是国际仲裁还是国内仲裁，均应受该法的调整。如果仲裁员选择在某一仲裁机构进行仲裁并且选定了仲裁规则，但仲裁地在某一成员国国内，《仲裁统一法》仍适用。

根据《仲裁统一法》第 2 条的规定，能够通过仲裁方式解决的事项不限于商事事项，任何涉及可以自由处置的权利的事项均可提交仲裁，这表明任何不涉及需要公共机构干预的权利的争议都可进行仲裁。该法第 2 条还规定，个人和法人实体都可将争议提交仲裁。它还特别规定，国家或

---

① 《司法与仲裁共同法院仲裁规则》第 30 条第 5 款。
② 《司法与仲裁共同法院仲裁规则》第 30 条第 3、4 款。

其他地区公共机构以及公共公司也可将争议提交仲裁，此类实体不能以本国国内法中的规定来主张所涉争议不能提交仲裁，或称自己没有订立仲裁协议的能力，或仲裁协议是无效的。

二 仲裁协议

最常见的仲裁协议是当事人在合同中订立的仲裁条款，不过，在争议发生后当事人可签订仲裁议定书将争议提交仲裁。① 此外，根据《仲裁统一法》第3条规定，当事人提交仲裁的意思表示也包含在有关投资的法律文件特别是投资法、双边投资保护条约或多边投资保护条约中。这就明确把投资争议纳入到《仲裁统一法》的调整范围内，这样外国投资者就可利用该条规定把相关投资争议提交到非洲商法协调组织某一成员国国内的仲裁机构。

当事人的仲裁协议须以书面形式或可证明其存在的任何其他方式做成。② 一般认为，"可证明其存在的其他方式"应包括当事人来往函电中提到的含有仲裁协议的某一文件。例如，许多国家如法国等都认可当事人所提及的某一文件中仲裁条款的效力，这体现了国际上支持仲裁的趋势，当然这也是合同当事人尤其应当注意的一个问题。

《仲裁统一法》明确规定了仲裁协议独立原则。根据该法的规定，该原则首先意味着仲裁协议独立于主合同，主合同是否有效不影响仲裁协议的效力；其次，仲裁协议并不必然受主合同准据法或某一特定国内法的支配，它要根据当事人的共同意图进行解释。③ 这一规定与法国《仲裁法》的规定十分相似，它非常有助于维护仲裁协议的有效性，有利于实现当事人通过仲裁解决争议的期望。但这种直接按照当事人的仲裁意图来判断仲裁协议效力的规定与一些重要的仲裁公约如1958年《纽约公约》的规定不符，在仲裁裁决的承认和执行方面可能会带来问题。④

---

① 《仲裁统一法》第3-1条第1、2、3款。
② 《仲裁统一法》第3-1条第4款。
③ 《仲裁统一法》第4条。
④ 朱伟东：《我国涉外仲裁协议效力的认定：困境与出路》，《仲裁与法律》2010年第116辑，第56～57页。

三　仲裁庭的组成

《仲裁统一法》第 5 条规定，仲裁庭必须由独任仲裁员或三名仲裁员组成。在当事人之间没有约定时，仲裁庭应由独任仲裁员组成。此外，仲裁员只能由自然人担任。这是一条强制性规定，如果当事人约定由 2 名仲裁员组成仲裁庭，该仲裁庭就可能会被认为组成不当，它做出的裁决就可能因此被撤销。因此，在当事人只约定指定 2 名仲裁员时，仲裁庭必须由双方当事人同意指定的第三名仲裁员一起才能组建。如果当事人不能就第三名仲裁员的指定达成一致意见，则第三名仲裁员应由已经指定的 2 名仲裁员指定，如这 2 名仲裁员仍不能就第三名仲裁员的指定达成一致意见，则该第三名仲裁员应由成员国内有管辖权的法院指定。

当事人可自由约定指定、解除或更换仲裁员的规则。[1] 若无此种约定，或该约定不能充分包括所有事项，则应适用《仲裁统一法》中的相应规定。如果当事人选择三人仲裁庭，则每方当事人应指定一名仲裁员，再由这两名仲裁员指定第三名仲裁员。如果一方当事人在收到另一方当事人指定仲裁员请求后的 30 天内没有做出指定，或如果已指定的 2 名仲裁员在他们被指定后的 30 天内没有指定第三名仲裁员，则成员国国内有管辖权的法院可根据一方当事人的请求做出上述指定。如果仲裁庭由独任仲裁员组成，而双方当事人不能就该仲裁员的指定协商一致，则成员国国内有管辖权的法院可根据一方当事人的请求做出指定。[2] 旧的《仲裁统一法》没有对国内法院指定仲裁员的时间做出规定，实践中可能造成有些法院故意拖延仲裁员的指定。为了防止出现这种情况，新的《仲裁统一法》明确规定，收到指定仲裁员请求的成员国国内有管辖权的法院必须在收到该请求后的 15 天内做出指定，除非该成员国国内立法规定了更短的时间，而且当事人不得对法院做出的有关指定仲裁员的决定提起任何救

---

① 《仲裁统一法》第 6 条第 1 款。
② 《仲裁统一法》第 6 条第 4 款。

济措施。① 该法明确要求，所有仲裁员应保持独立、公正，如果仲裁员认为存在有当事人可对其公正和独立提出异议的理由，他应提请当事人注意。他只有在获得当事人的一致书面同意后，才能接受当事人对他的指定。②

如果当事人对仲裁员的指定发生争议，而且他们没有就仲裁员的异议程序做出约定，此类异议就应由成员国国内有管辖权的法院受理。希望对仲裁员提出异议的当事人应在发现引起异议的事实或理由后的 30 天内提出异议。该法院应在收到仲裁员异议请求后的 30 天内做出处理。如果该法院在 30 天内未能对该异议请求做出处理，当事人可请求司法与仲裁共同法院就此异议做出处理。针对成员国国内有管辖权的法院做出的驳回异议请求的决定，当事人只能向司法与仲裁共同法院提起上诉。③ 而在旧的《仲裁统一法》中，当事人不得对成员国法院就仲裁员异议请求做出的决定提起上诉。新的规定显然是考虑到了《非洲商法协调条约》中有关司法与仲裁共同法院可以受理来自成员国的、涉及统一法适用上诉的规定。

四　仲裁程序

新的《仲裁统一法》专门增加了一条有关仲裁前程序的规定。根据该规定，如果当事人之间存在有协议要求他们在诉诸仲裁前采用其他方式解决争议，在一方当事人要求通过此类方式解决争议时，仲裁庭应对此问题进行分析，必要时协助完成仲裁前程序。如果仲裁前程序没有启动，仲裁庭可以在它认为合适的时间内中止自己的程序，以让当事人提起仲裁前的相关程序。如果仲裁前程序已有效提起，仲裁庭可决定是否中断自己的程序。④ 这一规定显然是考虑到当事人在仲裁协议中约定有协商或调解解决争议的情况。例如，许多当事人通常在仲裁协议中约定，若发生争议，

① 《仲裁统一法》第 6 条第 5 款。
② 《仲裁统一法》第 7 条。
③ 《仲裁统一法》第 8 条。
④ 《仲裁统一法》第 8 - 1 条。

先通过协商或调解程序解决，如果协商或调解不成，再通过仲裁方式解决。考虑到协商和调解方式在非洲的广泛使用，增加这样的规定十分必要。

《仲裁统一法》第 9 条规定，仲裁程序中的当事人必须得到平等对待，且有陈述案情的机会。此外，当事人有权将争议提交仲裁机构进行仲裁，但在这种情况下，当事人应受他们所选择的仲裁机构的规则约束，除非他们明确约定不适用其中的某些规则。仲裁程序自一方当事人提起组建仲裁庭的请求后开始。①

《仲裁统一法》中规定了如下一些基本的正当程序规则，这些规则可确保当事人获得平等和公正的对待。

（1）当事人有责任证明各自的请求，不过，仲裁庭可指导他们提供必要的解释和证据；

（2）仲裁庭在其裁决中不得采信当事人在仲裁程序中没有适当机会陈述案情的某些理由或文件；

（3）当事人获知仲裁程序中存在某些不公正情形时，必须立即提出，否则他就会被认为已放弃了此种权利。②

除上述基本的程序规则外，仲裁庭必须使用当事人所选择的某一仲裁机构的规则或某一国家程序法中的规则。如果当事人没有约定所适用的规则，仲裁庭可自己决定所适用的适当规则。③

仲裁庭必须根据当事人选择的实体法就案件的实体问题做出裁决。如果当事人没有选择所适用的法律，仲裁庭就应选择它认为是最适当的法律，必要时应考虑到国际商事惯例。如果当事人允许，仲裁庭也可根据公平原则做出裁决。④

《仲裁统一法》还确认了当代仲裁实践中久已确立的仲裁庭有权就自己的管辖权包括有关仲裁协议的存在或效力的问题做出裁决的原则。对仲

---

① 《仲裁统一法》第 10 条。
② 《仲裁统一法》第 14 条。
③ 《仲裁统一法》第 14 条。
④ 《仲裁统一法》第 15 条。

裁庭管辖权的异议必须在对案件实体问题进行答辩前提出，除非它是根据随后发现的事实提出的。在仲裁庭的管辖权受到异议的情况下，仲裁庭可就其管辖权做出单独裁决，或在一个裁决中就管辖权问题和案件实体问题做出处理。如果单独就管辖权做出了裁决，而且仲裁程序继续进行以对案件实体问题做出处理，那么有关管辖权的裁决可以立即进入撤销程序，而无须等到仲裁庭就案件实体问题做出最终裁决。[①]

和其他当代仲裁法一样，《仲裁统一法》规定，在当事人之间存在仲裁协议的情况下，仲裁程序优先于任何法院程序。这样，如果仲裁程序开始前或开始后一方当事人将争议提交某一国内法院解决，另一方当事人依据仲裁协议对法院的管辖权提出异议，法院就必须放弃管辖，除非仲裁条款显然无效并且仲裁程序尚未开始。在这种情况下，法院必须在15天内就自己的管辖权做出决定。当事人可将该决定向司法与仲裁共同法院提起上诉。[②]

即使存在仲裁条款，法院仍有可能在所认可的紧急情况下，下令采取临时措施或保全措施，或者此类措施将在成员国之外的某一国家采取，但条件是下令采取的此类措施不涉及对争议实体问题的审查。[③] 此外，在获取证据时如果有必要得到法院的协助，仲裁庭可以根据自己的动议或应当事人的请求向有关成员国的法院寻求协助。[④]

除非当事人另有约定，裁决应在最后一个仲裁员接受任命之日起的六个月内做出。[⑤] 该期限可根据当事人的协议予以延长，或由仲裁庭或当地法院根据当事人的请求予以延长。

《仲裁统一法》第14条还规定，当事人在仲裁程序过程中应审慎、迅速，不得采取拖延措施。如果申请人没有合法理由不陈述自己的请求，仲裁庭就可结束仲裁程序；如果被申请人不提出自己的答辩，仲裁庭就可

[①] 《仲裁统一法》第11条。
[②] 《仲裁统一法》第13条。如果仲裁程序已开始，仲裁庭有权根据第11条的规定就仲裁协议的存在或效力作出裁决。
[③] 《仲裁统一法》第13条。
[④] 《仲裁统一法》第14条。
[⑤] 《仲裁统一法》第12条。

继续仲裁程序，不能认为被申请人缺席的事实等同于已接受申请人的所有请求；如果一方当事人没有出庭或提交相应证据，仲裁庭可继续仲裁程序并根据它拥有的证据材料做出处理。

仲裁程序可因做出最终裁决或终结令而结束。仲裁庭可在下列情况下做出终结仲裁程序的命令：仲裁申请人撤回请求，而被申请人和仲裁庭没有提出反对；所有当事人都同意终结程序；仲裁庭认为继续进行仲裁程序已无必要或已不可能；仲裁最初的或延长的期限已过；存在对请求、弃权或交易的承认。[①]

五　仲裁裁决

（一）仲裁裁决的形式和内容

《仲裁统一法》规定，仲裁裁决可根据当事人约定的程序和形式做出。在当事人没有做出约定时，如果仲裁庭是由3名仲裁员组成，则仲裁裁决应根据仲裁员多数意见做出。如果在仲裁程序进行中，当事人达成和解，他们就可请求仲裁庭根据他们约定的形式做出仲裁裁决。[②]

除仲裁裁决主文外，仲裁裁决必须包含下列内容：做出仲裁裁决的仲裁员的姓名；做出仲裁裁决的日期；仲裁庭所在地；当事人的姓名、商号以及他们的住所；必要时，代理人或律师的姓名；以及有关当事人各自请求、证据及仲裁进程的简要说明。此外，仲裁裁决一定要附上理由。如果仲裁庭是根据当事人的授权作为友好调解人（amiable compositeur）解决争议的，也必须在裁决中说明。[③] 仲裁裁决必须由仲裁员签署。如果少数仲裁员拒绝签名，必须在裁决中予以说明。少数仲裁员不签署裁决的行为并不影响裁决的效力。[④]

裁决一旦签署后，仲裁庭对争议就不再具有管辖权。不过，它仍可对裁决做出解释，或对裁决中的错误或疏漏做出修正。另外，如果仲裁庭没

---

① 《仲裁统一法》第16条第3款。

② 《仲裁统一法》第19条。

③ 《仲裁统一法》第20条。

④ 《仲裁统一法》第21条。

有对某一请求做出裁决，它可以做出补充裁决。在上述情况下，当事人应在收到裁决通知后的 30 天内向仲裁庭提出申请，仲裁庭必须在 45 天内做出解释或对裁决做出补充或修正。如果仲裁庭不能重新组成，当事人可请求成员国有管辖权的法院对上述问题做出处理。① 仲裁裁决一经做出，就对所涉争议具有既判力（res judicata）。② 仲裁庭可根据当事人的请求，允许临时执行仲裁裁决，或驳回当事人的请求，但要说明理由。③

（二）仲裁裁决的撤销

针对仲裁裁决，当事人并不具有普通的上诉权利。④ 但在有限情况下，当事人可提起撤销程序以撤销一项裁决。当事人也可约定放弃申请撤销仲裁裁决的权利，除非仲裁裁决违反了国际公共政策。⑤ 如果当事人申请撤销一项仲裁裁决，他必须在收到仲裁裁决通知后的一个月内向成员国国内有管辖权的法院提出。成员国国内法院应在受理该请求后的三个月内做出处理。如果成员国国内法院没有在此期限内做出处理，当事人可在该期限届满后的 15 天内向司法与仲裁共同法院提出撤销仲裁裁决的请求。司法与仲裁共同法院应在收到请求后的六个月内做出处理。⑥ 如果成员国国内有管辖权的法院对撤销仲裁裁决的请求做出了裁定，当事人还可就该裁定向司法与仲裁共同法院提起上诉。⑦

根据《仲裁统一法》第 28 条规定，如果仲裁庭已下令临时执行仲裁裁决，当事人提出撤销仲裁裁决的请求可以终止裁决的执行，直至成员国国内有管辖权的法院对该请求做出处理。该法院还有权处理因临时执行仲裁裁决而产生的争议。

《仲裁统一法》第 26 条规定了当事人可以提出撤销仲裁裁决的理由。这些理由包括：不存在仲裁协议，或仲裁协议无效，或仲裁庭做出裁决时

---

① 《仲裁统一法》第 22 条。
② 《仲裁统一法》第 23 条。
③ 《仲裁统一法》第 24 条。
④ 《仲裁统一法》第 25 条。
⑤ 《仲裁统一法》第 25 条第 1、2、3 款。
⑥ 《仲裁统一法》第 27 条。
⑦ 《仲裁统一法》第 25 条第 4 款。

仲裁协议已过期；仲裁庭组成不当；仲裁庭没有遵守授权条款的规定；仲裁庭没有遵守对抗制原则；仲裁裁决违反国际公共政策；以及仲裁裁决没有说明理由。如果仲裁裁决不是因不存在仲裁协议，或仲裁协议无效或失效而被撤销的，在仲裁程序中勤勉审慎行事的一方当事人就可请求根据《仲裁统一法》启动新的仲裁程序。①

《仲裁统一法》还规定了仲裁裁决的第三人异议程序以及裁决的复查程序。根据规定，没有参与仲裁程序的第三人如果认为仲裁裁决侵害了其权利，他就可向仲裁庭提出异议。② 在裁决做出后，如果发现了可能会对裁决结果产生决定性影响的新事实，而且在裁决做出前仲裁庭和相关当事人都不知悉该事实，则当事人可请求仲裁庭对裁决进行复审。如果仲裁庭已无法再重新组成，当事人也可向成员国国内有管辖权的法院提出对裁决进行复审的请求。③

（三）仲裁裁决的承认与执行

只有获得成员国国内有管辖权的法院发布的执行令后，仲裁裁决才能得到执行。④ 为获得裁决的承认和执行，裁决胜诉方当事人应向法院提供裁决书正本以及仲裁协议的副本，或其他符合要求的文件副本。⑤ 如果上述文件不是根据被请求签发执行令的那个成员国的国内官方语言做出的，则请求签发执行令的当事人必须提交由该国官方语言做成的上述文件的译本，此类译本须经当地法院注册的翻译人员证实为真。⑥ 在旧的《仲裁统一法》中，要求上述文件须以法语做出，因为当时的《非洲商法协调条约》规定的非洲商法协调组织的工作语言只有法语。这样的规定引起很多人士的批评。因为这样的规定会带来许多不便。如果仲裁裁决需要在喀麦隆的英语省份内执行，仲裁裁决和仲裁协议都是以英语做出，按照旧的

---

① 《仲裁统一法》第 29 条。
② 《仲裁统一法》第 25 条第 5 款。
③ 《仲裁统一法》第 25 条第 6 款。
④ 《仲裁统一法》第 30 条。
⑤ 《仲裁统一法》第 31 条第 1、2 款。
⑥ 《仲裁统一法》第 31 条第 3 款。

规定，还要将仲裁裁决和仲裁协议等相关文件翻译成法语，这显然十分荒谬。新的《仲裁统一法》考虑到了这一点，及时做了修正。

《仲裁统一法》规定的拒绝签发执行令的理由只有一条，即仲裁裁决明显违反了国际公共政策规范。[①] 这样的规定显然非常有利于仲裁裁决在成员国国内得到承认与执行。与其他许多仲裁法不同，该法明确采纳了国际公共政策这一概念，显示出相当大的勇气和魄力。如果允许成员国按照本国公共政策标准来决定是否应当执行仲裁裁决，就会造成仲裁裁决在不同国家的不同对待，从而影响仲裁裁决的执行。但遗憾的是，《仲裁统一法》并没有明确规定何为国际公共政策，但考虑到涉及统一法解释和适用的问题应由司法与仲裁共同法院做出最终处理，这就可避免对这一概念在不同的成员国出现不同的解释。

新的《仲裁统一法》明确规定了成员国国内法院签发执行令的期限，这样可以避免延误仲裁裁决的执行。根据规定，成员国国内有管辖权的法院应自收到当事人签发执行令请求后的 15 天内做出裁定。如果该法院没有在上述期限内做出裁定，则视为该法院已同意签发执行令。如果国内法院同意签发执行令或已被视为同意签发执行令，裁决胜诉当事人就可请求该法院的书记官长对根据仲裁裁决做出的执行令进行盖章，随后就可得到执行。[②]

如果成员国国内法院做出拒绝签发执行令的裁定，当事人可向司法与仲裁共同法院提起上诉。相反，如果成员国国内法院做出同意签发执行令的裁定，则当事人不得对此提起上诉，不过当事人可以提出撤销裁决的请求。[③] 如果撤销裁决的请求被驳回，则仲裁裁决和执行令立即生效。[④]

《仲裁统一法》第 34 条规定，对于不是根据本法的规定做出的仲裁裁决，它们在成员国国内的承认和执行要根据可适用的国际公约的规定进行。例如，根据埃及法在埃及做出的仲裁裁决，如果要在喀麦隆申请承认

---

① 《仲裁统一法》第 31 条。
② 《仲裁统一法》第 31 条第 5、6 款。
③ 《仲裁统一法》第 32 条。
④ 《仲裁统一法》第 33 条。

与执行，则可根据双方都加入的《纽约公约》的规定进行。如果两国之间不存在相关国际公约，则仲裁裁决的承认与执行可根据《仲裁统一法》的规定进行。例如，如果在马拉维根据马拉维法律做出的仲裁裁决要在几内亚比绍申请承认与执行，由于双方都不是《纽约公约》的成员国，就可根据《仲裁统一法》的规定进行。考虑到《仲裁统一法》对仲裁裁决的承认和执行规定的更为宽松的条件，利用该法的规定更容易使仲裁裁决得到承认与执行。

从上面的分析可以看出，《仲裁统一法》与《司法与仲裁共同法院仲裁规则》的制定吸收了国际上有关国际商事仲裁法律文件的优点，体现了较强的时代性与先进性。同时，它们又不拘泥于现成国际商事仲裁法律文件的规定，做出了许多前瞻性的规定，特别是在裁决的撤销、裁决的执行等方面，例如，它们在裁决的撤销和执行程序中明确采用了国际公共政策的概念。虽然非洲商法协调组织的仲裁法律制度还存在这样或那样的问题，但非洲商法协调组织的立法者为推动地区一体化而表现出来的勇气和胆魄值得其他地区一体化组织学习。

第四节　非洲商法协调组织内的调解程序

仲裁、调解、调停、协商等争议解决方式在非洲历史悠久。在非洲传统社会中一直存在通过调解、调停等友好解决争议的做法，以恢复团体的和平，维持社会的和谐。在殖民统治时期，殖民者引进了西方的争议解决方式，传统的争议解决方式只在当地部族团体内适用。非洲国家独立后，一些国家为了实现法律的统一化，对传统争议解决方式没有给予应有的重视。实际上，传统争议解决方式在非洲的冲突管理和争议解决方面发挥着重要作用，随着传统的友好争议解决方式的价值被人们逐渐认可，非洲国家和地区也开始通过立法认可友好争议解决方式，一些非洲国家和地区还设立了许多国内和地区性友好争议解决机构。

非洲商法协调组织就十分重视这些友好争议解决方式，它在1999年就通过了《仲裁统一法》，而且在《非洲商法协调条约》中明确鼓励当事人通过仲裁方式解决合同争议。2017 年 11 月 23 日非洲商法协调组织通过了《调解统一法》，为该地区通过调解方式解决争议提供了统一而明确的法律依据。从《调解统一法》的规定来看，它主要是以联合国国际贸易法委员会 2002 年《调解示范法》为版本制定的，同时又考虑到本地区的法律传统和实际情况。该法于 2018 年 2 月 23 日生效。本节将结合《调解统一法》的规定，对非洲商法协调组织内的调解程序做出分析。

一 调解的相关定义及适用范围

根据《调解统一法》第 1 条规定，"调解"（médiation）是指由当事人请求第三人协助友好解决因某一法律关系、合同关系，或其他类似关系而产生的争议、冲突或不和关系的一种过程，不论其名称如何。和《仲裁统一法》一样，本法中的当事人包括自然人、法人以及公共机构或国家。这表明外国投资者可以利用该法的规定，通过调解方式解决与投资东道国政府之间的投资争议。"调解员"（médiateur）是指经当事人请求而调解解决争议的第三人，无论他们在成员国中的职业或名称如何。

根据《调解统一法》第 1 条第 2 款规定，调解可由当事人提起（协议调解，médiation conventionnelle），也可经成员国国内法院（司法调解，médiation judiciaire）、仲裁机构或有权的公共机构的要求或请求而提起。从调解的形式来看，调解可以是临时调解，也可以是机构调解。①

《调解统一法》第 2 条规定，本法的规定适用于调解，但它不适用于法官或仲裁员在司法或仲裁程序中试图促成当事人直接友好解决争议的情况。从这条规定来看，它只是规定了该法所适用的调解类型，但它并没有规定该法的地域适用范围。不过，根据《非洲商法协调条约》有关统一法的规定，该法显然适用于在非洲商法协调组织成员国国内进行的调解，无论是临时调解还是机构调解。如果当事人选择通过成员国国内的调解机

---

① 《调解统一法》第 1 条第 3 款。

构解决争议，当事人就要遵守该机构的调解规则。① 对于调解规则没有规定的情况，仍需适用《调解统一法》的规定。

二 调解程序的启动

《调解统一法》第 4 条规定了两种启动调解程序的方式。在当事人存在有书面的或其他形式的调解协议时，调解程序自一方当事人实施该调解协议之日开始。在不存在调解协议时，一方当事人可邀请另一方当事人通过调解解决争议。如果对方当事人在收到书面邀请后的 15 天内，没有接受该邀请，或者书面邀请中确定的期限到期后，对方当事人没有接受该邀请，这可以视为对方当事人拒绝该调解邀请。

成员国有管辖权的法院或仲裁机构可在与当事人协商后，中止其程序，让当事人调解解决争议。在此情况下，成员国有管辖权的法院或仲裁机构应确定其程序中止的期限。除当事人另有约定外，调解程序的开始会中断时效。如果调解程序未取得和解协议而结束，时效自调解程序结束之日重新计算。②

在当事人同意调解并明确承诺在一段特定时期内或在某一特定事件发生以前，不就现有或未来的争议提起仲裁或司法程序时，《调解统一法》第 15 条还特别规定，仲裁庭或法院应当承认这种承诺的效力，直至所承诺的条件实现为止。但上述规定不适用于一方当事人为维护其权利而提起的临时或保全程序的情况。此类程序的提起不能被视为对调解协议的放弃或调解程序的终止。

三 调解员的指定

《调解统一法》没有规定调解员的人数，当事人可协商选择一名或数名调解员。在选择调解员时，当事人可授权自然人或法人特别是提供调解服务的机构或中心协助指定调解员。当事人可要求上述指定人员或机构推

---

① 《调解统一法》第 3 条。
② 《调解统一法》第 4 条第 4 款。

荐有资格或能力提供调解服务的人员，也可让他们直接指定调解员。[①]

在推荐或指定调解员时，指定人员或机构应全面考虑，以确保指定的人员独立、公正并能履行职责。在必要时，还应考虑指定的调解员和当事人具有不同的国籍，特别是在当事人具有不同国籍的情况下。

在指定前，可能被指定为调解员的人员应披露所有可能对其公正性或独立性引起合理怀疑的情形。在被指定为调解员时，调解员应通过书面声明确认他的独立性和公正性以及他履职的保证。自其被指定之日以及在整个调解程序期间，调解员应毫不迟延地向所有当事人披露可能对其公正性或独立性引起合理怀疑的新情况。

在调解员向当事人披露所有可能对其公正性或独立性产生合理怀疑的新情况后，他应告知当事人有权反对他继续履行职责。如果一方当事人随后拒绝继续进行调解，则调解员的职务结束。[②]

为防止出现利益冲突的情况，《调解统一法》第 14 条就调解员能否担任仲裁员、专家证人或律师的情形做了明确规定。根据该规定，除非当事人另有约定，被指定为调解员的人士不得在与调解事项相同的争议解决程序中担任过或正在担任仲裁员、专家证人或律师。[③]

四 调解程序的进行

当事人可以通过提及某一调解规则，自由约定调解程序进行的方式。在当事人没有做出此种约定时，调解员应在考虑到案件的所有情况、当事人的期望以及快速解决争议的必要性后，根据他认为适当的方式进行调解。在所有情况下，调解员都应审慎履行职责，并在调解程序中给予所有当事人平等对待，同时应考虑案件的所有情况。[④]

调解员不应把争议解决方案强加给当事人。他可在调解程序的所有阶段，根据当事人的要求以及他认为最适当的方式，提出争议解决建议。此

---

① 《调解统一法》第 5 条第 1、2、3、4 款。
② 《调解统一法》第 6 条第 2 款。
③ 《调解统一法》第 14 条。
④ 《调解统一法》第 7 条第 1、2、3 款。

外，为了解决专业方面的问题，调解员在与当事人协商后，可以请求他们指定一个专家证人，以获得相关专业方面的意见。①

与许多调解法不同的是，《调解统一法》还专门规定了调解程序中调解员和成员国国内提供调解服务的机构应遵循的指导原则。这些原则包括尊重当事人意思自治原则，调解员道德正派、独立公正原则，调解程序保密、高效原则。《调解统一法》第9条和第10条具体阐明了上述原则。根据第9条规定，调解员可与当事人进行单独或集体会面或联系。如果调解员希望单独与一方当事人和/或其代理人进行会面或联系，他应在此前或在单独联系或会面后告知另一方当事人和/或其代理人。如果调解员收到一方当事人有关争议的信息，他就应向调解程序中其他方当事人披露这一信息。但是，如果一方当事人在向调解员提交有关信息时明确要求保密，则调解员不应将此信息披露给其他当事人。《调解统一法》第10条则规定了调解信息对外保密的原则。根据该规定，除非当事人另有约定，与调解程序有关的一切信息均应保密，但按照法律要求或者为了履行或执行和解协议而披露的信息除外。

《调解统一法》第11条规定了调解程序中的证据在其他程序中的可采性问题。根据该条第1款规定，调解程序的一方当事人或任何第三人，包括参与调解程序行政工作的人在内，不得在仲裁、司法或类似的程序中以下列事项作为依据、将之作为证据提出或提供证言或证据：

（a）一方当事人关于参与调解程序的邀请，或者一方当事人曾经希望参与调解程序的事实；

（b）一方当事人在调解中对可能解决争议的办法所表示的意见或提出的建议；

（c）一方当事人在调解程序过程中做出的陈述或承认；

（d）调解人或一方当事人提出的建议；

（e）一方当事人曾表示愿意接受调解人提出的和解建议的事实；

---

① 《调解统一法》第7条第4、5款。

（f）完全为了调解程序而准备的文件。①

不论上述信息或证据的形式如何，本条第 1 款均适用。仲裁庭、法院或政府其他主管当局不得下令披露本条第 1 款所述的信息。违反本条第 1 款规定提供此类信息作为证据的，该证据不予采纳。但按照法律要求或者为了履行或执行和解协议，可以披露或者作为证据采纳此类信息。② 不论仲裁、司法或类似的程序与目前是或曾经是调解程序标的事项的争议是否有关，本条上述规定均适用。但上述保密义务并不适用于调解程序启动前就已存在的证据或者在调解程序之外产生的证据。③

《调解统一法》第 11 条基本上照搬了国际贸易法委员会《调解示范法》第 10 条的规定。只是该法第 11 条第 5 款规定与《调解示范法》第 10 条的规定稍微有所不同。《调解示范法》第 10 条第 5 款的规定是："以本条第（1）款的限制为限，在仲裁或司法或类似程序中可予采纳的证据并不因其曾用于调解中而变成不可采纳。"显然，《调解统一法》第 11 条第 5 款规定的可接受的证据的范围更为广泛，不但包括调解程序启动前就存在的证据，也包括在调解程序外部关系中所产生的证据。

五　调解程序的终止

《调解统一法》第 12 条规定了调解程序终止的情形。根据该规定，调解程序在下列情形下终止：

（a）各方当事人和调解员签署了书面和解协议的，于协议签署之日终止；

（b）调解员在同各方当事人协商后发布书面声明，宣布继续进行调解已无意义的，于声明发表之日终止；或者调解员重启调解程序后，一方当事人不再参加新的调解程序的；

---

① 《调解统一法》第 11 条第 1 款。
② 《调解统一法》第 11 条第 3 款。
③ 《调解统一法》第 4、5 款。

（c）各方当事人向调解员发出书面声明，宣布终止调解程序的，于声明发表之日终止；

（d）一方当事人向对方或其他各方当事人和已指定的调解员书面声明，宣布终止调解程序的，于声明发表之日终止；

（e）调解期限到期，除非当事人在与调解员协商后共同决定延长该期限。

如果由法院或仲裁员下令进行的调解程序终止时，当事人没有达成和解协议，司法程序或仲裁程序就恢复正常；如果同样的调解程序是因当事人达成友好和解协议而终止，法院或仲裁员可以对和解协议进行确认。

六　和解协议的执行

如果当事人达成了书面的和解协议，该协议就是强制性的，具有约束力，并可获得执行。当事人可共同向公证员提出请求，对和解协议进行公证并予以签署。公证员应相关当事人的请求，可以发给他们执行令的副本。①

成员国国内有管辖权的法院也可应当事人的共同请求或应一方当事人的请求，对和解协议给予承认和执行。法院不得修改和解协议的条款，它只应审核和解协议的真实性，并在收到当事人请求后的 15 天内做出是否承认和执行和解协议的裁定。根据《调解统一法》的规定，只当和解协议违反公共政策时，法院才能拒绝承认与执行。②

如果法院在 15 天内没有做出裁定，和解协议就可自动得到承认与执行。寻求执行和解协议的一方当事人就可向法院书记官或其他主管机构请求签发执行令状。反对执行该和解协议的当事人可在收到附有执行令状的和解协议通知后的 15 天内向司法与仲裁共同法院提出反对执行和解协议的请求。司法与仲裁共同法院会在 6 个月内对该请求做

① 《调解统一法》第 16 条第 1、2 款。
② 《调解统一法》第 16 条第 3、4、5 款。

出处理。①

当事人不得对成员国国内法院做出的同意承认和执行和解协议的裁定提出上诉。对于成员国国内法院做出的拒绝承认与执行和解协议的裁定，当事人只能向司法与仲裁共同法院提起上诉，司法与仲裁共同法院会在6个月内做出处理。②

---

① 《调解统一法》第16条第6款。
② 《调解统一法》第16条第7款。

第五章

非洲商法协调组织取得的
成就与面临的挑战

非洲商法协调组织成立的目的是通过采纳现代、统一、简洁的商法制度，来取代本地区不同国家之间存在的多样化、过时的法律制度，同时通过设立司法与仲裁共同法院这样一个共同的司法机构，来实现本地区立法和司法环境的安全与稳定，为本地区创造一个良好的营商环境，以吸引外资，促进本地区经济发展。长期以来，非洲法郎区各国商人深受本地区法律环境的困扰，他们经常抱怨本地区的法律环境给他们的商业交易带来伤害。本地区法律与司法的不安全性主要体现在五个方面：一是各国法律规定差异较大；二是诉讼程序拖沓冗长；三是法院判决难以预料；四是司法腐败现象突出；五是判决执行困难重重。这种法律的"巴尔干化"和司法不安全已经构成经济发展的真正障碍。[①] 通过非洲商法协调组织20多年来的不断努力，该组织已经在实现立法和司法的安全性方面取得了很大的成就，但由于在语言、法律制度、资金等方面存在的问题，该组织的未来发展也面临许多挑战。

第一节　非洲商法协调组织取得的成就

非洲商法协调组织取得的成就主要体现在以下几个方面：商事立法得到统一、商事司法协同运转、争议解决方式灵活多样、营商环境不断改善。

---

① Présentation Générale de l'OHADA, http://www.ohada.org/presentation - generale - de - lohada.html，转引自阿鲁赛尼·穆鲁《理解非洲商法协调组织》，李伯军译，湘潭大学出版社，2016年10月第1版，第170页。

一　商事立法得到统一

非洲商法协调组织的成员国中除喀麦隆同时存在普通法省份和大陆法省份外，其他国家都具有大陆法传统。但由于它们继承了不同宗主国的法律制度，它们的法律制度之间存在很大不同。而且许多成员国的法律自殖民时代以来从未修改过，很多法律已经过时，不能适应现代商业发展的需要。对于商人来说，更为头疼的是，他们很难收集到这些过时、多样的法律规定。这样，当进行商业交易时，由于不了解相关法律的内容，商人们就很难预料他们的商业交易会产生什么样的法律后果。这种多样化和过时的法律制度以及获取法律文本的困难情形，已严重影响到外国投资者在该地区进行投资的信心。为此，制定统一而现代的商事法律制度就成为非洲商法协调组织的宗旨之一。

非洲商法协调组织自成立以来，已批准并实施了《一般商法统一法》、《商业公司和经济利益团体统一法》、《破产和清算程序统一法》、《仲裁统一法》、《债务托收简易程序及执行措施统一法》、《会计法统一法》、《货物运输法统一法》以及《调解统一法》等十部统一法。这些统一法调整的事项涉及商人身份的界定、商事登记、商业租赁、商业营业资产的经营和买卖、商业中介（行纪商、居间商、代理商）、商业合同、公司的成立、公司类型（股份公司、有限责任公司、无限责任公司等）、公司重组和转型、公司证券发行、一般会计原则、财务报表和账户的制作、公司破产和清算、债务担保、债务追偿、货物运输、仲裁程序等诸多事项。这些立法既有实体规定，也有程序规定，既提供了法律的确定性，又有制度性的程序保障。这些统一法取代了成员国国内过时的法律制度，而且非洲商法协调组织通过的统一法都可以在相关网站上找到，便于人们了解这些法律的内容。通过这些努力，非洲商法协调组织区域内引进了先进的商业立法，逐步形成了一个共同法律区域，减少了法律的不确定性，增加了法律和司法的透明度。[①]

---

① Xavier Forneris, "Harmonizing Commercial Law in Africa: the OHADA", *Juris Periodique*, vol. 54, pp. 81 – 83, 2001.

二　商事司法协同运转

根据《非洲商法协调条约》的规定，统一法具有超国家性和直接适用性等特征，它可以推翻成员国国内与其冲突的国内立法规定，可以直接在成员国国内法院适用。即使统一法直接在成员国国内适用，仍会产生问题：如果各成员国法院在适用统一法时做出不同的解释，就会造成法律的混乱，从而损害非洲商法协调组织为吸引外国投资而做出的努力。[1]　为避免出现这种情况，非洲商法协调组织设立了司法与仲裁共同法院，由该法院负责对统一法进行解释，并通过对成员国国内法院涉及统一法的案件行使终审权，推动统一法在各成员国国内的统一适用。统一法的采纳以及司法与仲裁共同法院的设立能够使投资者确定法律的内容，运用司法手段维护自己的合法权益，从而减少商业领域的政治干预和腐败的产生。正如非洲发展银行首席顾问盖迪奥先生（Kalidou Gadio）所言："如果我了解法律，你了解法律，而且你知道我了解法律，战斗已取胜了一半。"[2]

司法与仲裁共同法院自运作以来，在解释统一法、确保统一法在成员国国内得到统一适用方面发挥了重要作用。截至本书写作时，司法与仲裁共同法院发布的各类咨询意见、做出的各类判决、裁定等已近 1200 件，案件涉及《非洲商法协调条约》以及已经实施的九部统一法的解释和适用，而且该法院受理的成员国国内法院的上诉案件来自所有成员国。[3]　这种情况表明司法与仲裁共同法院的权威得到成员国国内法院的尊重，二者之间已经建立起良好的协同运转关系，这就有利于在非洲商法协调组织内实现安全的司法环境。

三　争议解决方式灵活多样

在非洲商法协调组织成立前，该地区的投资争议和商事争议一般是通

---

[1]　Claire Moore Dickerson, "Harmonizing Business Law in Africa: OHADA Calls the Tune", *Columbia Journal of Transnational Law*, vol. 44, p. 54, 2005.

[2]　Mark Turner, "Commercial Law Plan in Francphone Africa", *Financial Times*, May 13, 1999.

[3]　http: //www. ohada. com/? q = 1172911da5e7fa8f948a43e7d8021f00.

过国内法院或国内仲裁机构来解决的。这些国内法院或仲裁机构适用的程序法律或规则十分陈旧，有的适用的还是殖民时代的诉讼法或仲裁法，而且独立后基本上没有对原有的法律进行修订或制定新的立法。例如，在非洲商法协调组织的 17 个成员国中，还没有一个国家根据联合国国际贸易法委员会的《国际商事仲裁示范法》制定本国的仲裁法。此外，投资者和商人还普遍反映这些国家还存在司法腐败、争议解决程序拖沓冗长、判决或仲裁裁决不能得到顺利执行等问题。为了解决司法的不安全性问题，非洲商法协调组织设立了司法与仲裁共同法院，它不但可以作为涉及商法事项诉讼的最终法院，而且可以作为仲裁管理机构向当事人提供仲裁服务。为此，非洲商法协调组织专门制定了自己的《程序规则》、《司法与仲裁共同法院仲裁规则》。为了调整和规范在成员国内进行的仲裁，非洲商法协调组织还制定了《仲裁统一法》。此外，在考虑到本地区的法律文化传统以及国际上争议解决的最新发展趋势后，非洲商法协调组织还通过了《调解统一法》。从《仲裁统一法》、《调解统一法》和《司法与仲裁共同法院仲裁规则》的规定来看，它们吸收了国际上先进的仲裁立法和仲裁规则的规定，而且它们的适用范围十分广泛，它们不但调整一般的国际商事争议，还可以调整国际投资争议。这样，在非洲商法协调组织的成员国国内进行投资或经商的外国人就可根据实际情况选择是通过诉讼程序、仲裁程序还是调解程序来解决相关争议。

非洲商法协调组织提供的这种灵活多样的争议解决方式对于外国投资者或商人来说十分重要。这种现代的、灵活多样的争议解决方式不但有利于快速解决争议，而且有利于法院判决或仲裁裁决得到快速的承认与执行。例如，《非洲商法协调条约》、《仲裁统一法》、《调解统一法》、《程序规则》和《司法与仲裁共同法院仲裁规则》对司法与仲裁共同法院的判决、仲裁裁决以及其他仲裁裁决和和解协议的执行规定了统一、高效、简单的承认与执行方式。在非洲商法协调组织成立前，本地区各国之间不存在判决或仲裁裁决相互承认与执行的立法或双边条约，而且在非洲商法协调组织的 17 个成员国中还有乍得、刚果（布）、几内亚比绍、赤道几内亚、多哥不是 1958 年《承认与执行外国仲裁裁决》（以下简称

《纽约公约》）的成员方，这就导致判决和仲裁裁决在该地区的承认与执行会面临许多障碍。

四 营商环境逐步改善

非洲商法协调组织为成员国制定了统一化的商法制度，涵盖的范围涉及公司法、一般商法、证券法、执行程序、仲裁和调解等众多领域。这些统一化的商法制度具有下列好处：它有助于所适用的法律的确定性；有利于促进跨国商业交易的发展；保证了商业交易的安全；提高了争端解决机制的可信度。特别是司法与仲裁共同法院可对统一法的解释和适用进行最后的监督，这既可以确保非洲商法协调组织法律得到统一的解释，也可以将成员国国内的上诉法院自动地置于它的直接控制之下，这有效地改善了该地区司法的不确定性。非洲商法协调组织所提供的统一化的商法以及多样化的争议解决方式可以消除该地区法律和司法的不安全性，改善本地区的营商环境，增加对外国投资的吸引力。[①] 目前，已有许多投资者在该地区进行投资，并且有些投资项目就是根据非洲商法协调组织的统一商法制度进行的，如马里的马南塔里（Manantali）水电大坝项目、科特迪瓦的阿奇托（Azito）电站建设项目以及喀麦隆—乍得管道建设项目等。

世界银行在评价一些国家和地区的营商环境时，将法律制度的质量和司法机构的力量作为重要的衡量因素。在世界银行发布的《营商环境》（Doing Business）中，通常都会将影响商业领域的法规作为分析的指标，这些指标可以具体分为如下领域：开办企业、办理施工许可证、获得电力、财产登记、信贷获取、中小投资者保护、税收支付、跨境贸易、合同履行以及破产规范等。在这些领域中，其中开办企业、财产登记、信贷获取、中小投资者保护、合同履行和破产规范几个领域在评价和衡量某个国家和地区的营商环境时尤为重要。从非洲商法协调组织制定的统一法来看，它们的调整内容已完全覆盖了这几个尤为重要的领域。因此，非洲商

---

① Joseph Kamga, "L'apport du droit de l'OHADA à l'attrativité des investissements étrangers dans les États Parties，" *Revue Des Juristes De Sciences Po*，Hiver 2012，No. 5.

法协调组织通过的统一法对于本地区营商环境的改善发挥了重要作用。从世界银行发布的《营商环境（2018）》①来看，非洲商法协调组织 17 个成员国中，除刚果（布）和乍得的前沿距离分数（DTF Score）有所下降外，其他成员国的得分都有所增长。"前沿距离分数"（Distance to Frontier Score）可以反映出经济体如何随着时间的推移改善商业监管环境。非洲商法协调组织成员国的得分情况表明该地区的营商环境整体上在持续改善。此外，从 2011 年起，世界银行还专门发布了非洲商法协调组织的营商环境报告，迄今已分别在 2012 年和 2017 年发布了两份该地区的营商环境报告，对该地区在商法领域进行的改革给予了极大关注。②从两份报告的内容来看，非洲商法协调组织由于推行商法领域的改革，已使该地区的营商环境逐步好转。

第二节　非洲商法协调组织面临的问题

非洲商法协调组织自 1993 年成立以来，在 20 多年时间里在本地区的商事立法和司法方面取得了大量成绩，引起广泛关注。例如，加勒比地区一些国家受非洲商法协调组织的启发成立了加勒比商法协调组织（OHADAC, Organization for the Harmonization of Business Law in the Caribbean），按照非洲商法协调组织的模式对本地区的商法进行统一化和协调化。但非洲商法协调组织的发展也面临不少问题。如果这些问题得不到有效解决，可能会影响其今后的发展。

第一，多样化的工作语言不利于一些活动的开展。在 2008 年《非洲商法协调条约》修订前，该组织的工作语言只有法语。由于该组织的成员国中还有以西班牙语为官方语言的赤道几内亚、以葡萄牙语为官方语言的几内亚比绍以及以英语和法语作为官方语言的喀麦隆，特别是考虑到该

---

① 该报告参见世界银行网站 http：//www. doingbusiness. org/ ~ /media/WBG/DoingBusiness/Documents/Annual – Reports/English/DB2018 – Full – Report. pdf。

② 这两份报告参见世界银行网站 http：//www. doingbusiness. org/reports/regional – reports/ohada。

组织面向非洲其他国家开放，为了吸引更多非洲其他国家加入，就需要增加该组织的工作语言。为此该组织在 2008 年修订条约时将西班牙语、葡萄牙语和英语也列为工作语言。虽然根据《非洲商法协调条约》的规定，在统一法的不同语言译本产生冲突时，以法语文本为准。但因语言的多样化而引起的问题，如法律文本的翻译、诉讼活动的代理、司法程序的进行等不会短期内消失。

第二，大陆法传统会影响该组织向非洲普通法国家的拓展。非洲商法协调组织的立法及司法受法国影响较深，体现出鲜明的大陆法特征。虽然在非洲普通法国家的法律人士看来，该组织通过的法律制度中有很多与普通法国家的制度相似，但作为不同的法律传统，该组织法律制度中仍有许多概念和制度不为普通法国家的法律人士所了解和熟悉。① 因此，许多人认为该组织仅适合非洲大陆法国家，不利于非洲普通法国家的加入。② 非洲商法协调组织也意识到这一情况不利于吸收非洲普通法国家，它正在逐步改变这一状况，例如，在起草新立法时，它更注意借鉴不同法律制度的内容，而不再仅仅模仿法国的法律制度。"只有对其大陆法律制度传统进行调整，才可能使该组织具有更广泛的参与性，才能吸收非洲普通法国家和罗马—荷兰法国家加入进来。"③ 但也有人认为，法律传统问题不会影响非洲商法协调组织的拓展。解决之道就是妥协。例如，加拿大、喀麦隆和欧盟等是不同的法律传统可以和谐并存的例子。因此，可以将非洲商法协调组织内具有双重法律制度并有英语和法语两种官方语言的喀麦隆作为

① 约翰·艾德莫拉·雅库布：《债务追偿简易程序和执行措施：一个尼日利亚人眼中的 OHADA》，载克莱尔·莫尔·迪克森编《非洲统一商法：普通法视角中的 OHADA》，朱伟东译，中国政法大学出版社，2014 年 5 月第 1 版，第 113～116 页。

② Xavier Forneris, "Harmonizing Commercial Law in Africa: the OHADA", *Juris Periodique*, vol. 54, pp. 85 – 86, 2001; Claire Moore Dickerson, "Harmonizing Business Law in Africa: OHADA Calls the Tune", *Columbia Journal of Transnational Law*, vol. 44, pp. 21 – 22, 2005.

③ Samuel Kofi Date-Bah, "The Undroit Principles of International Commercial Contracts and the Harmonization of the Principles of Commercial Contracts in West and Central Africa—Reflections on the OHADA Project from the Perspective of a Common Lawyer from West Africa", *Uniform Law Review*, vol. 2, p. 271, 2004.

英语普通法国家加入该组织的标本和实验场。① ③还有学者认为，非洲商法协调组织应"跨越普通法和大陆法之间毫无意义的争论，把发展建立在自己的本质特点上"，"以非洲人民共同的法律原理的实践为基础，引进西方观念，在非洲传统的共性中创造一种真正的非洲法，它可以避免不同法律体系之间形成的分裂，从而使这种新的非洲法避免重蹈效率低下的覆辙"。② 实际上，已有一些非洲国家表达了加入该组织的兴趣，如安哥拉、加纳、马达加斯加、圣多美和普林西比等。

第三，该组织的资金来源会制约其进一步发展。为了避免因资金短缺导致非洲商法协调组织昙花一现，《非洲商法协调条约》第43条专门规定了该组织的资金来源。根据规定，非洲商法协调组织的资金来源包括成员国缴纳的年费，成员国或其他国际组织提供的援助，各类捐助和遗赠。在该组织成立初期，它的运行主要靠外来援助。1997 年 4 月底联合国开发计划署在日内瓦主持召开了一次捐助会议。在这次会议上，法国、日本、比利时、欧盟以及联合国开发计划署向非洲商法协调组织捐助了总计约 65 亿非洲金融共同体法郎的款项，用于非洲商法协调组织各项活动的开展。但这些款项早在 2004 年就已用完。③ 为了解决非洲商法协调组织面临的财政困难并为其长远发展做好打算，非洲商法协调组织部长委员会早在 2003 年 10 月 18 日在加蓬首都利伯维尔召开的一次会议上，就批准了一项税收计划。根据这项计划，对从第三国进口而在非洲商法协调组织成员国内销售的商品征收 0.05% 的共同体税。但这项税收计划并没有立即实施。2008 年 10 月 17 日在加拿大魁北克召开的非

---

① 参见克莱尔·莫尔·迪克森：《OHADA 的未来展望》，载克莱尔·莫尔·迪克森编《非洲统一商法：普通法视角中的 OHADA》，朱伟东译，中国政法大学出版社，2014 年 5 月第 1 版，第 137 页；Marc Frilet，"Uniform Commercial Laws, Infrastructure and Project Finance in Africa"，*International Business Lawyer*，vol. 28，No. 5，2000，p. 215.

② 萨尔瓦托·曼库索著、杨奕译：《非洲商法协调组织和普通法系国家未来走向：这是挑战吗？》萨尔瓦托·曼库索著、洪永红主编《中国对非投资法律环境研究》，湘潭大学出版社，2009 年 6 月第 1 版。

③ 阿鲁赛尼·穆鲁：《理解非洲商法协调组织》，李伯军译，湘潭大学出版社，2016 年 10 月第 1 版，第 55 页。

洲商法协调组织国家和政府首脑会议通过了一项宣言。这项宣言的目的是为了授权成员国的财政部长实施非洲商法协调组织采取的安排和措施，以便从 2009 年 1 月 1 日起有效落实上述税收计划，实现非洲商法协调组织的财政自立。通过这样的方式，可以减少非洲商法协调组织对外来援助的依赖，获得稳定的资金来源，从而有助于实现各机构工作的顺利开展。

第四，统一法的制定过程缺少成员国公众的广泛参与，难以获得高度的认同感。统一法的立法过程中，常设秘书处以及部长委员会发挥着重要作用，而作为各成员国国内立法机构的议会却被排除在这一过程之外。此外，国内学者、商人及其他利益相关者也很少参与立法过程。为了让公众参与立法，大部分成员国都设立了一个非洲商法协调组织国内委员会，该委员会主要由立法、司法、学术界、商界等部门的代表组成。当常设秘书处将统一法最初草案提交给各成员国政府讨论时，各成员国政府可将该草案交由本国的国内非洲商法协调组织委员会进行评论，并提出相应意见。常务秘书已认识到这些委员会对统一法的制定发挥的重要作用，并准备建议承认这些委员会是非洲商法协调组织体制内的正式机构。① 此外，统一法的最初草案也基本上是发达国家的法律专家起草的。许多学者认为，考虑到成员国国内的学者、律师在商法、比较法方面知识的欠缺，在非洲商法协调组织成立初期请外国专家起草统一法草案无可厚非，但在本地区已具备此类立法人才时，就应尽量由本地的专家来起草统一法草案，这样不但可以提高本地团体对新立法的认可度，也有利于使新立法更适合本地区的社会经济现实。②

第五，非洲商法协调组织法律资源的交流与推广尚待加强。该组织成立后，在统一法的推广与传播方面做出了重要贡献，但一些律师、法官、学者、商人等仍抱怨立法资料、法院判决以及学者的评论很难

---

① Eversheds, *Business Law in Africa: OHADA and the Harmonization Process*, Paris: Kogan Page Limited, 2002, p. 24.

② Xavier Forneris, "Harmonizing Commercial Law in Africa: the OHADA", *Juris Periodique*, vol. 54, p. 90, 2001.

获得。① 根据《非洲商法协调组织条约》的规定，统一法通过后，应在非洲商法协调组织的官方期刊上公布，常设秘书处再将这些期刊发送到各成员国，此外，各成员国政府的公报也应公布此类立法。但由于受资金限制，出版的期刊数量极为有限，获得此类期刊的人数不多。非洲商法协调组织正设法改变这一状况，例如，常设秘书处正在建设该组织的官方网站，该网站不但有各个统一法的文本，也有法院的判决、学者的评论等。②

---

① Claire Moore Dickerson, "Harmonizing Business Law in Africa: OHADA Calls the Tune", *Columbia Journal of Transnational Law*, vol. 44, p. 69, 2005.

② 该组织的官方网站是：www. ohada. org。

非洲商法协调组织对中国
开拓非洲市场的意义

　　非洲商法协调组织的成员国主要位于西部和中部非洲，这些国家自然资源和矿产资源丰富，与中国经济互补性强，双方的经贸合作与相互投资具有广阔的空间和巨大的潜力。长期以来，这些国家在立法和司法上的不确定性影响了包括中国在内的一些国家在该地区的投资和贸易。非洲商法协调组织成立以来，在对其成员国的商法进行统一化方面取得了巨大成就，显著改善了该地区的营商环境。目前，非洲商法协调组织只有 17 个成员国，但该组织向所有非洲国家开放。随着该组织的不断发展，会有越来越多的非洲国家加入该组织，如加纳、安哥拉、圣多美和普林西比等都表达了在今后加入该组织的愿望。随着更多非洲国家的加入，该组织会成为拓展非洲市场的一个重要据点。

　　同时，有些非洲商法协调组织的成员国还是其他组织的成员国，如贝宁、布基纳法索、科特迪瓦、马里、尼日尔、塞内加尔和多哥既是西非国家经济货币联盟的成员国，又是西非国家经济共同体的成员国，而喀麦隆、中非共和国、刚果（布）、赤道几内亚、加蓬和乍得还是中部非洲经济货币共同体的成员国。这样，在这些成员国内进行投资还可以享受这些成员国在其他组织内的投资优惠措施及投资便利条件，从而可以进一步向非洲其他地区拓展投资市场。

　　非洲商法协调组织的成员国除喀麦隆外，都具有大陆法传统，并且该组织所通过的统一法也是以大陆法为基础。中国也是大陆法传统国家。由于大陆法传统国家在立法模式、法律渊源、法律概念、法律教育等方面有许多相似之处，这就为中国商人和投资者了解非洲商法协调组织的商法制度提供了便利。在争端解决方式方面，非洲商法协调组织非常重视通过仲裁解决商事争端，中国商人和投资者也重视通过仲裁解决商事争端，这无疑是吸引中国商人和投资者在该地区进行贸易和投资的又一因素。另外，非洲商法协调组织《调解统一法》的通过也为中国投资者解决投资争议提供了另一种友好解决方式。

如果考虑到中国和非洲商法协调组织成员国之间现有的多边和双边法律框架，该组织的争议解决制度的作用就更加凸显了。在非洲商法协调组织的 17 个成员国中，刚果（布）、几内亚比绍、赤道几内亚和多哥还没有加入《纽约公约》；贝宁、布基纳法索、中非共和国、科摩罗、几内亚比绍、尼日尔还没有同中国签订双边贸易协定；中非共和国、科摩罗、几内亚比绍、尼日尔、塞内加尔、多哥还没有同中国签署双边投资保护协定，贝宁、喀麦隆、乍得、刚果（金）、几内亚等国虽然同中国签署有双边投资保护协定，但迄今尚未生效。这种情况非常不利于中国商人和投资者解决在当地发生的贸易和投资争议。非洲商法协调组织上述争议解决法律制度很好地解决了这一困境。因此，在目前情况下，非洲商法协调组织的上述争议解决法律制度为中国在该地区的投资与贸易提供了一种有效的法律保障。

对于有意在该地区进行投资和贸易的中国商人和企业而言，应首先了解非洲商法协调组织目前已通过的 10 部统一法，充分利用这 10 部统一法的规定，选择合适的投资方式、经营类型，在出现争端时，根据实际情况，选择是通过诉讼、仲裁还是调解方式来解决争议，以保护自己的合法权益。投资者只有了解了某一地区的法律制度，知道自己的合法权益会得到法律上的保障时，才会决定在该地区进行投资贸易。

近年来，非洲商法协调组织通过在全球不同国家和地区设立非洲商法协调组织俱乐部等方式积极宣传该组织的商法制度，以吸引外来投资。由于中国与该组织成员国的贸易与投资发展迅速，该组织非常重视在中国宣传其商法制度。早在 2006 年 11 月非洲商法协调组织亚洲区主席、时任澳门大学法学院教授的萨尔瓦托·曼库索先生就在澳门注册成立了俱乐部。随后该俱乐部与湘潭大学非洲法律与社会研究中心建立了合作关系，双方通过联合出版、举办论坛的形式在中国宣传非洲商法。目前，该中心的研究人员已先后发表、出版了有关非洲商法协调组织及其法律制度的系列论文和著作。① 该中心的研究生也以非洲商法协调组织的法律制度为研究对象，完成了一些硕士论文。② 通过这些研究和宣传，越来越多的中国商人和投资者开始了解该组织及其法律制度，在一定程度上促进了中国在该地区投资和贸易的发展。

① 相关论文有：Weidong ZHU，"OHADA：As a Base for Chinese Further Investment in Africa"，*Penant*，vol. 129，No. 89，2009；朱伟东：《非洲商法协调组织述评》，《西亚非洲》2009年第1期；朱伟东：《非洲国际商法的统一化、协调化》，《西亚非洲》2003年第3期；朱伟东：《OHADA法律制度简析及其对非投资带来的好处》，《海外投资与出口信贷》2010年第5期；朱伟东：《非洲地区一体化进程中的法律一体化》，《西亚非洲》2013年第1期。相关著作有鲍里斯·马特等：《非洲商法：OHADA与统一化进程》，朱伟东译：英国全球市场简报出版社，2008年版；萨尔瓦托·曼库索、洪永红主编《中国对非投资法律环境研究》，湘潭大学出版社2009年版；克莱尔·莫尔·迪克森编、朱伟东译：《非洲统一商法：普通法视角中的OHADA》，中国政法大学出版社，2014年版；阿鲁赛尼·穆鲁：《理解非洲商法协调组织》，李伯军译，湘潭大学出版社，2016年版；蔡高强、朱伟东主编《西部非洲地区性经贸组织法律制度专题研究》，湘潭大学出版社，2016年版。

② 颜苗丽：《非洲商法统一组织仲裁制度与中国仲裁制度比较研究》，2010年湘潭大学硕士论文；陈秀之：《OHADA担保统一法研究——兼对我国担保立法的启示》，2010年湘潭大学硕士论文；汪世芳：《OHADA公路货物运输统一法及对中国的启示》，2007年湘潭大学硕士论文；许颖：《非洲商法协调组织合作制企业统一法研究》，2013年湘潭大学硕士论文；阿布（Aboubakari Ganniyou）：《OHADA公司法中的股东权利保护研究》（The protection of shareholders rights under the OHADA company law），2016年湘潭大学硕士论文。

《非洲商法协调条约》中文版

1993 年 10 月 17 日于太子港签署《非洲商法协调条约》文本，2008 年 10 月 17 日于加拿大魁北克修订①

前　言

贝宁共和国总统

布基纳法索共和国总统

喀麦隆共和国总统

中非共和国总统

科摩罗伊斯兰联邦共和国总统

刚果共和国总统

象牙海岸共和国总统

加蓬共和国总统

赤道几内亚共和国总统

马里共和国总统

尼日尔共和国总统

塞内加尔共和国总统

---

① 本条约的官方法语文本是在 1993 年 10 月 17 日在毛里求斯太子港签署的，并于 2008 年 10 月 17 日在加拿大魁北克做过修正。条约修正案已自 2010 年 3 月 21 日生效。修订后的官方法语文本可从非洲商法协调组织网站上找到。此处的中文译本是根据本书附录二和附录三中该条约的法语版和英文版翻译而成。附录二和附录三中的条约法语版和英文版把该组织官方网站上的 1993 年的条约文本和 2008 年的修订版本合并在一起。

乍得共和国总统

多哥共和国总统

《非洲商法协调条约》的缔约国：决定在非洲一体化道路上取得新的进步，确立成员国对经济发展的信心，以便在非洲创造新的发展中心；

重申它们对创建非洲经济共同体的承诺；

相信它们在法郎区的成员资格是经济和财政稳定的因素，也是它们逐步实现经济一体化的重要财富，而且这种经济一体化应在更为广泛的非洲框架下进行；

认识到要实现这些目标，就需要在缔约国内内创建一套协调化的、简单、现代并能很好适应现实的商法制度，以促进商业的开展；

考虑到需要审慎实施这些法律，以确保经济活动方面法律的稳定性，使其有利于经济活动的开展并鼓励投资；

希望推动仲裁成为解决合同争议的方式；

决定采取新的、共同努力以促进对法官及其他法律人士的培训；

兹协议如下。

第一章　一般规定

第1条：本条约的目的是通过制定和采纳能够很好适应成员国经济现实的简单、现代的统一法律规则、建立适当的司法程序、并用仲裁手段解决合同争议的方式，对成员国的商法进行协调化。

第2条：为本条约目的，商法范围包括公司法、经济行为体法律地位、有关信用和债务追偿程序、担保交易、判决执行、破产、破产管理人职责、仲裁、雇佣和劳工法、会计法、运输和买卖法的所有法律和条例，还包括部长委员会根据本条约目的和下面第8条规定一致决定应包括在商法范围内的任何事项。

第3条（2008年10月17日于魁北克修订）：本条约所规定的各项任务由非洲商法协调组织负责实施。

非洲商法协调组织由国家和政府首脑大会、部长委员会、司法与仲裁共同法院，以及常设秘书处组成。

非洲商法协调组织的总部设在喀麦隆共和国首都雅温得，经国家和政府首脑大会决定可迁往任何其他地点。

第 4 条（2008 年 10 月 17 日于魁北克修订）：必要时，部长委员会可以绝对多数通过有关本条约适用的条例以及采取其他措施。

第二章 统一法

第 5 条：根据本条约第 1 条所通过的统一规则称为"统一法"。

统一法可以包含有关刑事责任的规定。成员国负责采取相应的刑事制裁。

第 6 条：常设秘书处在与成员国政府协商后负责统一法的准备工作。部长委员会在与司法与仲裁共同法院协商后讨论并通过统一法。

第 7 条：（2008 年 10 月 17 日于魁北克修订）：常设秘书处应向成员国政府提供统一法草案，自收到草案之日起 90 天内，成员国政府应将书面意见反馈给常设秘书处。

但根据统一法草案的情况及复杂程度，在向常设秘书处提出请求后，前款规定的 90 天期限可再延长 90 天。

上述期限届满后，附有成员国政府书面意见以及常设秘书处报告的统一法草案应立即送交司法与仲裁共同法院，征询其意见。司法与仲裁共同法院应自收到常设秘书处请求后的 60 天内提出自己的意见。

上述 60 天期限包括任何延长的期限届满后，常设秘书处应完成统一法的最终草案，并建议将其列入下届部长委员会会议议程。

第 8 条：统一法草案应由出席会议并参加表决的成员国政府代表一致同意，始得通过。

为使统一法通过程序有效，至少应有三分之二成员国与会。

弃权票不作为统一法通过程序的反对票计入。

第 9 条（2008 年 10 月 17 日于魁北克修订）：常设秘书处应自统一法

通过后的 60 天内在非洲商法协调组织的官方公报上予以发布。自公布之日起 90 天后，统一法生效，除非统一法规定了不同的生效条件。

统一法还应在成员国政府公报上或通过其他适当方式公布。这种方式应不影响统一法的生效。

第 10 条：统一法在成员国国内直接适用并对成员国有约束力，即使成员国此前或此后的国内立法中有与其相冲突的规定。

第 11 条：部长委员会在收到常设秘书处的建议后，批准商法协调化的年度计划。

第 12 条（2008 年 10 月 17 日于魁北克修订）：在得到部长委员会授权后，统一法可应任何成员国或常设秘书处的请求进行修改。

修改后的规定根据上面第 6~9 条规定的条件生效。

第三章　与统一法适用和解释有关的诉讼

第 13 条：有关统一法实施及其效力的诉讼由成员国国内具有最初管辖权的法院和上诉法院审理。

第 14 条（2008 年 10 月 17 日于魁北克修订）：司法与仲裁共同法院负责本条约、为推动本条约的实施而制定的条例、统一法以及其他法规的统一解释和统一适用。

任一成员国或部长委员会可向司法与仲裁共同法院咨询有关前款范围内的任何问题。根据上面第 13 条规定审理案件的成员国国内法院也可请求司法与仲裁共同法院发表咨询意见。

作为上诉法院，司法与仲裁共同法院可对成员国国内上诉法院做出的有关统一法和条例的判决做出裁断，但有关实施刑事制裁的判决除外。

司法与仲裁共同法院还可对成员国国内法院就同一诉讼做出的不可上诉判决做出裁断。

当作为最终上诉法院审理案件时，司法与仲裁共同法院可裁决案件的实体问题。

第 15 条：第 14 条所规定的最终上诉可由诉讼程序中的任一方当事

人直接提交给司法与仲裁共同法院，也可由收到上诉案件的成员国国内法院转交给司法与仲裁共同法院，如果该上诉案件涉及统一法的适用问题。

第 16 条：司法与仲裁共同法院对案件的审理可以自动中止成员国国内法院的所有上诉程序。但这一规则不应干扰判决或仲裁裁决的执行。只有在司法与仲裁共同法院做出裁决宣称自己无管辖权时，成员国国内法院的诉讼程序才可恢复。

第 17 条（2008 年 10 月 17 日于魁北克修订）：在庭审前，司法与仲裁共同法院可主动提出自己无管辖权，诉讼程序的任一方当事人也可提出法院无管辖权。

司法与仲裁共同法院应自收到对方当事人意见后的 30 天内或在允许提交意见期限届满后的 30 天内就管辖权做出决定。

第 18 条：如果成员国国内法院受理来自下级法院的上诉，而一方当事人根据司法与仲裁共同法院的管辖权认为该成员国国内法院对上诉案件没有管辖权，他就可在有争议的裁决做出后的 2 个月内向司法与仲裁共同法院上诉。

司法与仲裁共同法院通过判决确定自己有无管辖权，并告知当事人及相关国内法院。

如果司法与仲裁共同法院认为成员国国内法院错误宣称自己有审理案件的管辖权，它就可宣布该成员国国内法院的判决无效，并推翻该判决。

第 19 条：司法与仲裁共同法院的程序由部长委员会根据上述第 8 条规定通过的条例调整，有关程序的条例应在非洲商法协调组织的官方公报上发布。此类条例也应在成员国的官方公报上或通过其他适当方式发布。

程序的性质应为对抗式。各方当事人应由具有适当资格的律师代理诉讼。审理应公开。

第 20 条：司法与仲裁共同法院的判决是终局的，并具有执行力。每一成员国应确保判决在其境内得到实施和执行。与司法与仲裁共同法院判决相冲突的判决不得在任一成员国境内得到合法执行。

第四章 仲裁

第 21 条：如果合同任一方当事人的住所或惯常居所在某一成员国国内，或如果合同的全部或部分履行地或准备履行地在某一或某几个成员国境内，合同当事人就可根据仲裁条款或庭外和解协议将争议提交本章规定的仲裁程序解决。

司法与仲裁共同法院并不自己解决此类争议。它应指定和确认仲裁员、了解仲裁程序的进行并根据下面第 24 条规定对仲裁裁决进行审查。

第 22 条：合同争议可由独任仲裁员或 3 名仲裁员仲裁解决。本条及下面各条规定中的"仲裁员"（arbitrator）指的是独任仲裁员或多数仲裁员。

如当事人约定争议只由独任仲裁员解决，他们可就该仲裁员的指定达成协议，该协议须经司法与仲裁共同法院批准。如果当事人就仲裁员的指定不能达成一致意见，司法与仲裁共同法院会在一方当事人向另一方当事人发出指定仲裁员通知后的 30 天内指定仲裁员。

如果当事人约定由 3 名仲裁员解决争议，每方当事人在收到仲裁请求或对请求做出答辩时指定一名独立仲裁员，该指定应经司法与仲裁共同法院批准。如果一方当事人拒绝指定或不能指定，司法与仲裁共同法院应代表该当事人指定一名仲裁员。作为首席仲裁员的第三名仲裁员由司法与仲裁共同法院指定，除非当事人约定应由他们各自指定的仲裁员在约定的时间内指定第三名仲裁员。如果当事人约定的时间或司法与仲裁共同法院许可的时间届满后，当事人指定的两名仲裁员无法就第三名仲裁员的指定达成一致意见，第三名仲裁员就应由司法与仲裁共同法院指定。

如果当事人无法就仲裁员人数达成一致意见，司法与仲裁共同法院应指定独任仲裁员审理争议，除非法院认为案件应由三名仲裁员审理。在此情况下，当事人有 15 天的时间来指定仲裁员。

仲裁员可从司法与仲裁共同法院拟好的、并且每年更新的仲裁员名单中选定。司法与仲裁共同法院的成员不得登记在该名单上。

司法与仲裁共同法院应对当事人有关仲裁员回避的请求做出决定。此类决定不得上诉。

仲裁员如遇下列情况应被替换：仲裁员死亡、不能履行职责、仲裁员因其履行职责的适宜性被提出回避而辞职，或在司法与仲裁共同法院经过调查认为仲裁员无法根据仲裁规则或根据条约的规定完成职责或无法在规定的时间内完成职责的情况下仲裁员辞职。在上述各种情况下，应根据本条第2、3款规定重新指定仲裁员。

第23条：如果当事人已约定通过仲裁方式解决争议，成员国国内法院在审理此类案件时，应根据一方当事人的请求宣布自己对该案无管辖权，必要时将案件提交仲裁。

第24条：仲裁员在签署部分或最终裁决前，应将裁决草案送交司法与仲裁共同法院。

司法与仲裁共同法院仅能就裁决形式的修正提出建议。

第25条：根据本条约规定做出的仲裁裁决具有和成员国国内法院做出的判决一样的终局力和既判力。

仲裁裁决可通过执行令得到实施和执行。

只有司法与仲裁共同法院才有权签发仲裁裁决执行令。

除下列情况外，执行令必须被给予效力：

1. 仲裁员在没有仲裁协议时做出裁决，或仲裁协议无效，或已过期；

2. 仲裁员没有根据授权做出裁决；

3. 对抗式诉讼程序原则没有得到尊重；

4. 仲裁裁决违反国际公共秩序。

第26条：部长委员会应根据本条约第8条规定通过《司法与仲裁共同法院仲裁条例》。条例应在非洲商法协调组织的官方公报上发布，并应在成员国的官方出版物上或通过其他适当方式公布。

第五章 组织结构

第27条（2008年10月17日于魁北克修订）：

1. 国家和政府首脑大会由成员国国家和政府首脑组成。大会由部长委员会主席国的国家或政府首脑主持。

国家和政府首脑大会必要时由主席根据自己的请求召集，或应至少三分之二成员国的请求召集。

国家和政府首脑大会决定涉及本条约的任何和所有问题。

国家和政府首脑大会的决议应由至少三分之二出席会议的成员国通过。

大会采取行动应一致同意通过或不能一致同意时由出席会议的绝对多数成员国通过，始得有效。

1. 部长委员会由成员国司法部长和财政部长组成。

部长委员会由成员国根据成员国名称字母顺序（法语拼写）轮流主持，任期一年。

新成员国根据加入的时间长短担任部长委员会主席，但只能在之前的所有成员国都担任过主席后始得进行。

如果某一成员国无法在其期限内担任部长委员会主席，部长委员会应指定根据前款规定排列其后的成员国担任主席。

如果以前无法担任部长委员会主席的成员国认为自己已能够担任主席，它应立即报告常设秘书处，以要求部长委员会采取适当的措施。

第 28 条：部长委员会根据主席的通知每年至少开会一次，主席可根据自己的动议或根据至少三分之二成员国的动议签发此类通知。只有至少三分之二的成员国参加会议，才能通过有效决议。

第 29 条：部长委员会主席根据常设秘书处办公室的建议确定会议议程。

第 30 条：部长委员会做出的除第 8 条规定事项以外的决定应由出席会议并参加投票的大多数成员国通过。每一成员国只能投一票。

第 31 条（2008 年 10 月 17 日于魁北克修订）：司法与仲裁共同法院由 9 名法官组成。

但部长委员会可在考虑任务规模以及资金来源情况后，确定比上款规定更多人数的法官。

司法与仲裁共同法院法官从成员国国民中选拔，任期 7 年，不得连任。他们应从下列人员中选拔：

1. 至少有 15 年职业经验并满足各自国内担任高级司法职位标准的法官；

2. 作为某一成员国律师协会成员并至少有 15 年职业经验的律师；

3. 至少有 15 年职业经验的法学教授。

司法与仲裁共同法院至少应有三分之一的法官是来自前款第 2、3 项的人员。

司法与仲裁共同法院最多只能有一名法官来自任一成员国。

本条规定应根据依据第 19 条规定制定的条例予以适用。

第 32 条：司法与仲裁共同法院的成员由部长委员会从成员国提交的候选人名单中秘密投票选举产生。

每一成员国可以最多提名两名候选人。

第 33 条：常设秘书处应最迟在选举日前四个月请求各成员国提交司法与仲裁共同法院成员候选人名单。

常设秘书处根据字母顺序对候选人排序，并最迟在选举日前 1 个月将候选人名单送交各成员国。

第 34 条：当选后，司法与仲裁共同法院的法官应庄严宣告或宣誓他们将完全独立地忠实履行职务。

第 35 条：司法与仲裁共同法院如有法官死亡，院长应立即通知常设秘书处，常设秘书处宣布该职位自该法官死亡之日起空缺。

如有司法与仲裁共同法院法官辞职，或如果该法院其他法官一致认为某位法官不是因临时原因而不再履行成员职务，或已不能再履行该职务，该法院院长在要求该相关法官到法院陈述意见后，通知常设秘书处，然后由其宣布该职位空缺。

在上述每种情况下，部长委员会应根据前述第 32、33 条规定选举其他法官履行职位空缺的法官的剩余期限职务，除非剩余职务期限不足 6 个月。

第 36 条：司法与仲裁共同法院的法官任期应有保障。

每一法官应任职到其继任法官履职之日。

第 37 条：司法与仲裁共同法院应从自己的法官中选举法院院长和两名副院长，任期三年半，不得连任。选举之日剩余职务期限不足该期间的法院法官可以当选，履职至其任职期限届满之日。法院法官不得行使政治或行政职能。法官所有取得报酬的活动必须得到法院的批准。

第 38 条：司法与仲裁共同法院最初成立时所同时任命的 7 名法官的任期分别为 3 年、4 年、5 年、6 年、7 年、8 年、9 年。每一法官的任期抽签决定，并由部长委员会主席在部长委员会会议期间批准生效。法院将在首次成立之日起 3 年后进行首次法官更新。

第 39 条（2008 年 10 月 17 日于魁北克修订）：司法与仲裁共同法院院长在征询司法与仲裁共同法院的意见后应从成员国推荐的至少具有 15 年职业经历的书记官长中任命司法与仲裁共同法院的书记官长。

司法与仲裁共同法院院长在征询司法与仲裁共同法院的意见后，还应任命该院的秘书长，以负责协助法院根据部长委员会所通过条例的规定行使管理仲裁程序的职责。

司法与仲裁共同法院院长应书记官长或秘书长的请求，适当时也可设立其他必要职位。

第 40 条（2008 年 10 月 17 日于魁北克修订）：常设秘书处是非洲商法协调组织的行政部门，由常务秘书管理和领导。常务秘书由部长委员会任命，任期四年，可连任一次。

常务秘书代表非洲商法协调组织，并协助部长委员会的工作。

常务秘书的任命和权力以及常设秘书处的组建和运作应根据部长委员会制定的条例界定。

第 41 条（2008 年 10 月 17 日于魁北克修订）：应根据本条约设立一个有关商法的培训和继续教育、研究和分析中心，名称为"地区高等司法培训学校"。

该中心隶属于常设秘书处。

部长委员会制定的条例可对该中心的名称和目的进行更改。

该中心由部长委员会任命的理事长进行管理，理事长任期四年，可连任一次。

该中心的结构、运作、资金以及义务由部长委员会通过条例予以界定。

第 42 条（2008 年 10 月 17 日于魁北克修订）：非洲商法协调组织的工作语言为法语、英语、西班牙语和葡萄牙语。

在被翻译成其他语言之前，已用法语发布的文件继续具有完全效力。在不同语言的文本发生冲突时，应以法语文本为准。

第六章　财政规定

第 43 条（2008 年 10 月 17 日于魁北克修订）：非洲商法协调组织的资金来源有。

a. 成员国根据部长委员会制定的条例规定缴纳的年费；

b. 根据非洲商法协调组织与成员国或其他国际组织达成的协议而提供的援助；

c. 捐赠和遗赠。

成员国的年费数额由部长委员会决定。

部长委员会唯一有权批准上述 b 项的协议以及 c 项的捐赠和遗赠。

第 44 条：根据本条约进行的仲裁程序的收费费率以及所接受的资金的分配应由部长委员会批准。

第 45 条（2008 年 10 月 17 日于魁北克修订）：非洲商法协调组织的年度预算应由部长委员会通过。

每一会计年度的财务报表应由部长委员会任命的法定审计员审核，并应提交给部长委员会批准。

第七章　地位、豁免和特权

第 46 条：非洲商法协调组织具有完全的国际法律人格。它特别具有以下能力。

a. 缔约；

b. 取得并处置动产和不动产；

c. 提起诉讼以及作为当事人参与诉讼程序。

第 47 条：为能适当履行职务，非洲商法协调组织应在每一成员国领域内具有本章所规定的豁免和特权。

第 48 条：非洲商法协调组织的财产及物品不得被采取任何司法措施，除非它放弃豁免。

第 49 条（2008 年 10 月 17 日于魁北克修订）：根据所适用的条例的规定，非洲商法协调组织的公务员和雇员、司法与仲裁共同法院的法官，以及司法与仲裁共同法院所指定或确认的仲裁员，在执行职务时享有外交特权和豁免。

非洲商法协调组织可在适当时候剥夺此类特权和豁免。

此外，只有经司法与仲裁共同法院的批准，该法院的法官才可因其履行职务以外的行为被起诉。

第 50 条：非洲商法协调组织的文件无论位于何处，不受侵犯。

第 51 条：非洲商法协调组织、其财产、物品、收入以及经本条约授权的所有行为免交所有税收和关税。非洲商法协调组织也免于任何追缴或支付税收或关税的义务。

第八章　程序条款

第 52 条：本条约应由签署国根据本国的宪法程序予以批准。

本条约自第 7 份批准文书缴存之日起的 60 天后生效。但如果第 7 份批准文书的缴存日期早于条约签署后的第 180 天，则条约自缴存之日起的第 240 天生效。

对于其后缴存批准文书的签署国，在此类批准之日前通过的条约和统一法将在缴存之日起的 60 天后生效。

第 53 条：本条约生效后对没有签署该条约的所有非盟成员国开放。其他不是非盟成员国的国家经非洲商法协调组织所有成员国一致同意后可被邀请加入本条约。

对于任一成员国，在加入前已通过的本条约及统一法将在加入文书缴

存之日起的 60 天后生效。

第 54 条：不允许对本条约做出任何保留。

第 55 条：本条约一旦生效，第 27 ~ 41 条规定的机构就应设立。尚没有批准本条约的条约签署国可以作为观察员身份出席部长委员会会议，但无权投票。

第 56 条：成员国之间因本条约的解释或适用可能产生的、不能友好解决的争议可由成员国一方提交给司法与仲裁共同法院。如果具有一方成员国国籍的法官出庭审理该案，成员国另一方可指定一名临时法官参与审理该案。该法官必须满足第 31 条所规定的条件。

第 57 条（2008 年 10 月 17 日于魁北克修订）：批准文件和加入文件应交给作为文件保存国的塞内加尔政府保存。该国政府应将每一文件的副本送交常设秘书处。

第 58 条：在本条约的修正内容已生效后批准或加入本条约的成员国应被视为是修正后条约的成员国。

部长委员会应将加入国的名字增添在第 27 条所规定的名单上，该名字应排在加入之日作为部长委员会主席国的那个成员国的名字前面。

第 59 条（2008 年 10 月 17 日于魁北克修订）：文件保存国政府应根据《联合国宪章》第 102 条规定将本条约在非洲联盟和联合国进行登记。

文件保存国政府应将登记后的条约副本送交常设秘书处。

第 60 条：文件保存国政府应毫不延迟地将下列事项通知所有签署国或加入国。

a. 签署日期；

b. 本条约的登记日期；

c. 批准文件和加入文件的缴存日期；

d. 本条约生效日期。

第 61 条（2008 年 10 月 17 日于魁北克修订）：任一成员国提出书面请求后，可对本条约进行修改或修正。该书面请求应向非洲商法协调组织常设秘书处提出，然后转交给部长委员会。

部长委员会应对该书面请求的内容和目的，以及建议修改的范围进行

评估。

应部长委员会的请求，条约的修正或修改应采用和条约同样的方式予以通过。

第62条：本条约期限没有限制。在任何情况下，本条约不得在生效后的第一个十年内被废除。

本条约的任何废除须通知条约缴存国政府，并在该通知做出之日起的一年后生效。

第63条：本条约依法语做成一式两份，保存在塞内加尔共和国政府的档案室内，该国政府应将认证过的条约副本送交每一成员国。

下列国家首脑及全权代表已在本条约上签字，以资证明。

1993年10月17日在毛里求斯太子港签署的《非洲商法协调条约》：

贝宁共和国总统：尼塞福尔·索格洛

布基纳法索总统：布莱斯·孔波雷

喀麦隆共和国总统代表：外交部长

中非共和国总统：昂热－菲利克斯·帕塔塞

科摩罗伊斯兰联邦共和国总统：赛义德·乔哈尔

刚果共和国总统：帕斯卡尔·利苏巴

象牙海岸共和国总统代表：阿拉桑尼·德拉梅恩·瓦塔拉总理

加蓬共和国总统代表：凯西米尔·奥耶·穆巴总理

赤道几内亚共和国总统：特奥多罗·奥比昂·恩圭马·姆巴索戈将军

马里共和国总统：阿尔法·乌马尔·科纳雷

尼日尔共和国总统：马哈曼内·奥斯曼

塞内加尔共和国总统代表：穆斯塔法·尼亚斯　国家、外交事务和塞内加尔侨民部长

乍得共和国总统：伊德里斯·代比上校

多哥共和国总统：纳辛贝·埃亚德马

2008年10月17日在加拿大魁北克签署的《非洲商法协调条约》修

正案：

贝宁共和国总统：亚伊·博尼

布基纳法索总统：布莱斯·孔波雷

喀麦隆共和国总统：保罗·比亚

中非共和国总统：弗朗索瓦·博齐泽

科摩罗联盟总统：艾哈默德·阿卜杜拉·穆罕默德桑比

刚果共和国总统：丹尼斯·萨苏－恩格索

象牙海岸共和国总统代表：约瑟夫·巴亚约克　外交部长

加蓬共和国总统：阿里·邦戈·翁丁巴

几内亚共和国总统代表：艾哈默德·提迪安·索阿雷总理

几内亚比绍共和国总统代表：玛丽亚·达孔塞桑·诺布雷·卡布拉尔外交部长

赤道几内亚共和国总统：特奥多罗·奥比昂·恩圭马·姆巴索戈

马里共和国总统：阿马杜·图马尼·杜尔

尼日尔共和国总统代表：塞尼·欧马柔

塞内加尔共和国总统：阿卜杜拉耶·瓦德

乍得共和国总统：伊德里斯·代比·伊特诺

多哥共和国总统代表：吉尔伯特·佛松·侯格博总理

2010 年 12 月 15 日由部长委员会在洛美通过

谨代表部长委员会，

主席：柏奥赛·科寇·托奏恩

附录二

《非洲商法协调条约》 法文版

Traité Relatif À L'Harmonisation En Afrique Du Droit Des Affaires, Signé à Port Louis le 17 octobre 1993, Tel que Révise à Quebec le 17 octobre 2008

Le Président de la République du BENIN,

Le Président du BURKINA FASO,

Le Président de la République du CAMEROUN,

Le Président de la République CENTRAFRICAINE,

Le Président de la République Fédérale Islamique des COMORES,

Le Président de la République du CONGO,

Le Président de la République de COTE – D'IVOIRE,

Le Président de la République GABONAISE,

Le Président de la République de GUINEE EQUATORIALE,

Le Président de la République du MALI,

Le Président de la République du NIGER,

Le Président de la République du SENEGAL,

Le Président de la République du TCHAD,

Le Président de la République TOGOLAISE,

Hautes parties contractantes au traité relatif à l'harmonisation du droit des affaires en Afrique,

Déterminés à accomplir de nouveaux progrès sur la voie de l'unité africaine et à établir un courant de confiance en faveur des économies de leur pays en vue de créer un nouveau pôle de développement enAfrique ;

Réaffirmant leur engagement en faveur de l'institution d'une communauté économiqueafricaine ;

Convaincus que l'appartenance à la zone franc, facteur de stabilité économique et monétaire, constitue un atout majeur pour la réalisation progressive de leur intégration économique et que cette intégration doit également être poursuivie dans un cadre africain pus large ;

Persuadés que la réalisation de ces objectifs suppose la mise en place dans leurs Etats d'un Droit des Affaires harmonisées, simple, moderne et adapté, afin de faciliter l'activité des entreprises ;

Conscients qu'il est essentiel que ce droit soit appliqué avec diligence, dans les conditions propres à garantir la sécurité juridique des activités économiques, afin de favoriser l'essor de celles-ci et d'encouragerl'investissement ;

Désireux de promouvoir l'arbitrage comme instrument de règlement des différentscontractuels ;

Décidés à accomplir en commun de nouveaux efforts en vue d'améliorer la formation des magistrats et des auxiliaires dejustice ;

Conviennent de ce quisuit :

Article 1

Le présent Traité a pour objet l'harmonisation du droit des affaires dans les Etats Parties par l'élaboration et l'adoption de règles communes simples, modernes et adaptées à la situation de leurs économies, par la mise en œuvre de procédures judiciaires appropriées, et par l'encouragement au recours à l'arbitrage pour le règlement des différends contractuels.

Article 2

Pour l'application du présent traité, entrent dans le domaine du droit des affaires l'ensemble des règles relatives au droit des sociétés et au statut juridique des commerçants, au recouvrement des créances, aux sûretés et aux voies

d'exécution, au régime du redressement des entreprises et de la liquidation judiciaire, au droit de l'arbitrage, au droit du travail, au droit comptable, au droit de la vente et des transports, et toute autre matière que le Conseil des Ministres déciderait, à l'unanimité, d'y inclure, conformément à l'objet du présent traité et aux dispositions de l'article 8.

Article 3 (tel que révisé à Québec le 17 octobre 2008)

La réalisation des tâches prévues au présent Traité est assurée par une organisation dénommée Organisation pour l'Harmonisation en Afrique du Droit des Affaires (OHADA).

L'OHADA comprend la Conférence des Chefs d'Etatet de Gouvernement, le Conseil des Ministres, la Cour Commune de Justice et d'Arbitrage et le Secrétariat Permanent.

Le siège de l'OHADAest fixé à Yaoundé en République du Cameroun. Il peut être transféré en tout autre lieu sur décision de la Conférence des Chefs d'Etat et de Gouvernement.

Article 4 (tel que révisé à Québec le 17 octobre 2008)

Des règlements pour l'application du présent Traitéet des décisions seront pris, chaque fois que de besoin, par le Conseil des Ministres, à la majorité absolue.

Article 5

Les actes pris pour l'adoption des règlescommunes prévues à l'article premier du présent Traité sont qualifiés 《 actes uniformes 》.

Les actes uniformes peuvent inclure des dispositions d'incrimination pénale. Les Etats Parties s'engagent à déterminer les sanctions pénales encourues.

Article 6

Les actes uniformes sont préparés par le Secrétariat Permanent en concertation avec les gouvernements des Etats Parties. Ils sont délibérés et adoptés par le Conseil des ministres après avis de la Cour Commune de Justice et d'Arbitrage.

Article 7 (tel que révisé à Québec le 17 octobre 2008)

Les projets d'Actes uniformes sont communiqués par le Secrétariat Permanent aux Gouvernements des Etats parties, qui disposent d'un délai de quatre-vingt-dix jours à compter de la date de la réception de cette communication pour faire parvenir au Secrétariat Permanent leurs observations écrites.

Toutefois, le délai prévu à l'alinéa premier peut être prorogé d'une durée équivalente en fonction des circonstanceset de la nature du texte à adopter, à la diligence du Secrétariat Permanent.

A l'expiration de ce délai, le projet d'Acte uniforme, accompagné des observations des Etats parties et d'un rapport du Secrétariat Permanent, est immédiatement transmis pour avis par ce dernier à la Cour Commune de Justice et d'Arbitrage. La Cour donne son avis dans un délai de soixante jours à compter de la date de la réception de la demande de consultation.

A l'expiration de ce nouveau délai, le Secrétariat Permanent met au point le texte définitif du projet d'Acte uniforme, dont il propose l'inscription à l'ordre du jour du prochain Conseil des Ministres.

Article 8

L'adoption des actes uniformes par le Conseil des ministres requiert l'unanimité des représentants des Etats Parties présentset votants.

L'adoption des actes uniformes n'est valable que si les deux tiers au moins des Etats Parties sont représentés.

L'abstention ne fait pas obstacle à l'adoption des actes uniformes.

Article 9 (tel que révisé à Québec le 17 octobre 2008)

Les Actes uniformes sont publiés au Journal officiel de l'OHADA par le Secrétariat Permanent dans les soixante jours suivant leur adoption.

Ils sont applicables quatre-vingt dix jours après cette publication, sauf modalités particulières d'entrée en vigueur prévues par les Actes uniformes. Ils sont également publiés dans les Etats parties, au Journal officiel ou par tout autre

moyen approprié. Cette formalité n'a aucune incidence sur l'entrée en vigueur des Actes uniformes.

Article 10

Les actes uniformes sont directement applicableset obligatoires dans les Etats Parties, nonobstant toute disposition contraire de droit interne, antérieure ou postérieure.

Article 11

Le Conseil des Ministres approuve sur proposition du Secrétaire permanent le programme annuel d'harmonisation du droit des affaires.

Article 12 (tel que révisé à Québec le 17 octobre 2008)

Les Actes uniformes peuvent être modifiés, à la demande de tout Etat Partie oudu Secrétariat Permanent, après autorisation du Conseil des Ministres.

La modification intervient dans les conditions prévues par les articles 6 à 9 ci-dessus.

Article 13

Le contentieux relatif à l'application des actes uniformesest réglé en première instance et en appel par les juridictions des Etats Parties.

Article 14 (tel que révisé à Québec le 17 octobre 2008)

La Cour Commune de Justiceet d'Arbitrage assure l'interprétation et l'application communes du Traité ainsi que des règlements pris pour son application, des actes uniformes et des décisions.

La Cour peut être consultée par tout Etat Partie ou par le Conseil des ministres sur toute question entrant dans le champ de l'alinéa précédent. La même faculté de solliciter l'avis consultatif de la Courest reconnue aux juridictions nationales saisies en application de l'article 13 ci-dessus.

Saisie par la voie du recours en cassation, la Cour se prononce sur les décisions rendues par les juridictions d'Appel des Etats Parties dans toutes les affaires soulevant des questions relatives à l'application des actes uniformes et des règlements prévus au présent Traité à l'exception des décisions appliquant des

sanctions pénales.

Elle se prononce dans les mêmes conditions sur les décisions non susceptibles d'appel rendues par toute juridiction des Etats Parties dans les mêmes contentieux.

Encas de cassation, elle évoque et statue sur le fond.

Article 15

Les pourvois en cassation prévus à l'article 14 ci-dessus sont portés devant la Cour Commune de Justice et d'Arbitrage, soit directement par l'une des parties à l'instance, soit sur renvoi d'une juridiction nationale statuant en cassation saisie d'une affaire soulevant des questions relatives à l'application des actes uniformes.

Article 16

La saisine de la Cour Commune de Justiceet d'Arbitrage suspend toute procédure de cassation engagée devant une juridiction nationale contre la décision attaquée. Toutefois cette règle n'affecte pas les procédures d'exécution.

Une telle procédure ne peut reprendre qu'après arrêt de la Cour Commune de Justiceet d'Arbitrage se déclarant incompétente pour connaître de l'affaire.

Article 17 (tel que révisé à Québec le 17 octobre 2008)

L'incompétence manifeste de la Cour Commune de Justiceet d'Arbitrage peut être soulevée d'office ou par toute partie au litige in limine litis.

La Cour se prononce dans les trente jours qui suivent la date de réception des observations de la partie adverse oucelle d'expiration du délai imparti pour la présentation desdites observations.

Article 18

Toute partie qui, après avoir soulevé l'incompétence d'une juridiction nationale statuant en cassation estime que cette juridiction a, dans un litige la concernant, méconnu la compétence de la Cour Commune de Justice et d'Arbitrage peut saisir cette dernière dans un délai de deux mois à compter de la notification de la décision contestée.

La Cour se prononce sursa compétence par un arrêt qu'elle notifie tant aux

parties qu'à la juridiction en cause.

Si la Cour décide que cette juridiction s'est déclarée compétente à tort, la décision rendue par cette juridictionest réputée nulle et non avenue.

Article 19

La procédure devant la Cour Commune de Justice et d'Arbitrage est fixée par un Règlement adopté par le Conseil des ministres dans les conditions prévues à l'article 8 ci-dessus publié au journal officiel de l'OHADA. Il est également publié au journal officiel des Etats Parties ou par tout autre moyen approprié.

Cette procédureest contradictoire. Le ministère d'un avocat est obligatoire. L'audience est publique.

Article 20

Les arrêts de la Cour Commune de Justiceet d'Arbitrage ont l'autorité de la chose jugée et la force exécutoire. Ils reçoivent sur le territoire de chacun des Etats Parties une exécution forcée dans les mêmes conditions que les décisions des juridictions nationales. Dans une même affaire, aucune décision contraire à un arrêt de la Cour Commune de Justice et d'Arbitrage ne peut faire l'objet d'une exécution forcée sur le territoire d'un Etat Partie.

Article 21

En application d'une clause compromissoire ou d'un compromis d'arbitrage, toute partie à un contrat, soit que l'une des parties ait son domicile ou sa résidence habituelle dans un des Etats Parties, soit que le contrat soit exécuté ou à exécuter en tout ou partie sur le territoire d'un ou plusieurs Etats Parties, peut soumettre un différend d'ordre contractuel à la procédure d'arbitrage prévue par le présent titre.

La Cour Commune de Justiceet d'Arbitrage ne tranche pas elle-même les différends. Elle nomme ou confirme les arbitres, est informée du déroulement de l'instance, et examine les projets de sentences, conformément à l'article 24 ci-après.

Article 22

Le différend peut être tranché parun arbitre unique ou par trois arbitres. Dans les articles suivants, l'expression 《 l'arbitre 》 vise indifféremment le ou les arbitres.

Lorsque lesparties sont convenues que le différend sera tranché par un arbitre unique, elles peuvent le désigner d'un commun accord pour confirmation par la Cour. Faute d'entente entre les parties dans un délai de trente jours à partir de la notification de la demande d'arbitrage à l'autre partie, l'arbitre sera nommé par la Cour.

Lorsque trois arbitres ont été prévus, chacune des parties-dans la demande d'arbitrage ou dans la réponse à celle-ci-désigneun arbitre indépendant pour confirmation par la Cour. Si l'une des parties s'abstient, la nomination est faite par la Cour. Le troisième arbitre qui assume la présidence du tribunal arbitral est nommé par la Cour, à moins que les parties n'aient prévu que les arbitres qu'elles ont désignés devraient faire choix du troisième arbitre dans un délai déterminé. Dans ce dernier cas, il appartient à la Cour de confirmer le troisième arbitre. Si, à l'expiration du délai fixé par les parties ou imparti par la Cour, les arbitres désignés par les parties n'ont pu se mettre d'accord, le troisième arbitre est nommé par la Cour.

Si les parties n'ont pas fixé d'un commun accord le nombre des arbitres, la Cournomme un arbitre unique, à moins que le différend ne lui paraisse justifier la désignation de trois arbitres. Dans ce dernier cas, les parties disposeront d'un délai de quinze jours pour procéder à la désignation des arbitres.

Les arbitres peuvent être choisis sur la liste des arbitres établie par la Couret mise à jour annuellement. Les membres de la Cour ne peuvent pas être inscrits sur cette liste.

Encas de récusation d'un arbitre par une partie, la Cour statue. Sa décision n'est pas susceptible de recours.

Il y a lieu à remplacement d'un arbitre lorsqu'il est décédé ou empêché, lorsqu'il doit se démettre de ses fonctions à la suite d'une récusation ou pour tout autre motif, ou lorsque la Cour, après avoir recueilli ses observations, constate qu'il ne remplit pas ses fonctions conformément aux stipulations du présent titre ou du règlement d'arbitrage, ou dans les délais impartis. Dans chacun de cescas, il est procédé conformément aux deuxième et troisième alinéas.

Article 23

Tout tribunal d'un Etat Partie saisi d'un litige que les parties étaient convenues de soumettre à l'arbitrage se déclarera incompétent si l'une des parties le demande, et renverra le cas échéant à la procédure d'arbitrage prévue au présent Traité.

Article 24

Avant de signer une sentence partielle ou définitive, l'arbitre doit en soumettre le projet à la Cour Commune de Justiceet d'Arbitrage.

Celle-ci ne peut proposer que des modifications de pure forme.

Article 25

Les sentences arbitrales rendues conformément aux stipulations du présent titre ont l'autorité définitive de la chose jugée sur le territoire de chaque Etat Partie au même titre que les décisions rendues par les juridictions de l'Etat.

Elles peuvent faire l'objet d'une exécution forcée en vertu d'une décision d'exequatur.

La Cour Commune de Justiceet d'Arbitrage a seule compétence pour rendre une telle décision.

L'exequatur ne peut être refusé que dans les cassuivants :

1°) si l'arbitre a statué sans convention d'arbitrage ou sur une convention nulle ouexpirée;

2°) si l'arbitre a statué sans se conformer à la mission qui lui avait étéconférée;

3°) lorsque le principe de la procédure contradictoire n'a pas étérespecté;

4°) si la sentenceest contraire à l'ordre public international.

Article 26

Le Règlement d'arbitrage de la Cour Commune de Justiceet d'Arbitrage est fixé par le Conseil des ministres dans les conditions prévues à l'article 8 ci-dessus. Il est publié au Journal Officiel de l'OHADA. Il est également publié au Journal Officiel des Etats Parties ou par tout autre moyen approprié.

Article 27 (tel que révisé à Québec le 17 octobre 2008)

1°) La Conférence des Chefs d'Etatet de Gouvernement est composée des Chefs d'Etat et de Gouvernement des Etats parties. Elle est présidée par le Chef de l'Etat ou de Gouvernement dont le pays assure la présidence du Conseil des Ministres.

Elle se réunit en tant que de besoin, sur convocation de son Président, à son initiative ou àcelle du tiers des Etats parties.

Elle statue sur toute question relative au Traité.

La Conférence ne délibère valablement que si les deux tiers des Etats parties sont représentés.

Les décisions de la Conférence sont prises par consensus ou, à défaut, à la majorité absolue des Etats présents.

2°) Le Conseil des Ministresest composé des ministres chargés de la Justice et des Finances des Etats parties.

La présidence du Conseil des Ministresest exercée à tour de rôle et par ordre alphabétique, pour une durée d'un an, par chaque Etat Partie.

Le Président du Conseil des Ministresest assisté par le Secrétaire Permanent.

Les Etats adhérents assurent pour la première fois la présidence du Conseil des Ministres dans l'ordre de leur adhésion, après le tour des pays signataires du Traité.

Si un Etat partie ne peut exercer la présidence du Conseil des Ministres pendant l'année où elle lui revient, le Conseil désigne, pour exercer cette présidence, l'Etat venant immédiatement après, dans l'ordre prévu aux alinéas précédents.

Toutefois, l'Etat précédemment empêché qui estime être en mesure d'assurer la présidence en saisit, en temps utile, le Secrétaire Permanent, pour décision à prendre par le Conseil des Ministres.

Article 28

Le Conseil des ministres se réunit au moins une fois paran sur convocation de son Président, à l'initiative de celui-ci, ou du tiers des Etats Parties. Il ne peut valablement délibérer que si les deux tiers au moins des Etats Parties sont représentés.

Article 29

Le Président du Conseil des ministres arrête l'ordre du jour du Conseil sur la proposition du Secrétaire permanent.

Article 30

Les décisions du Conseil des ministres autres que celles prévues à l'article 8 ci-dessus sont prises à la majorité absolue des Etats Parties présents et votants. Chacun des Etats dispose d'une voix.

Article 31 (tel que révisé à Québec le 17 octobre 2008)

La Cour Commune de Justiceet d'Arbitrage est composée de neuf juges.

Toutefois le Conseil des Ministres peut, compte tenu des nécessités de serviceet des possibilités financières, fixer un nombre de juges supérieur à celui prévu à l'alinéa précédent.

Les Juges de la Cour Commune de Justiceet d'Arbitrage sont élus pour un mandat de sept ans non renouvelable, parmi les ressortissants des Etats Parties. Ils sont choisis parmi :

1°) les magistrats ayant acquis une expérience professionnelle d'au moins quinze années et réunissant les conditions requises pour l'exercice dans leurs pays respectifs de hautes fonctionsjudiciaires;

2°) les avocats inscrits au Barreau de l'un des Etats parties, ayant au moins quinzeannées d'expérience professionnelle;

3°) les professeurs de droit ayant au moins quinze années d'expérience professionnelle.

Un tiers des membres de la Cour doit appartenir aux catégories visées aux points 2 et 3 de l'alinéa précédent.

La Cour ne peut comprendre plus d'un ressortissant du même Etat.

Les modalités d'application du présent article seront précisées par le règlement prévu à l'article 19 ci-dessus.

Article 32

Les membres de la Cour sont élus au scrutin secret par le Conseil des ministres sur une liste de personnes présentées àcet effet par les Etats Parties.

Chaque Etat Partie peut présenter deux candidats au plus.

Article 33

Le Secrétaire permanent invite les Etats Parties à procéder, dansun délai d'au moins quatre mois, avant les élections, à la présentation des candidats à la Cour.

Le Secrétaire permanent dresse la liste alphabétique des personnes ainsi présentéeset la communique un mois au moins avant les élections aux Etats Parties.

Article 34

Après leur élection, les membres de la Cour font la déclaration solennelle de bienet fidèlement remplir leurs fonctions en toute impartialité.

Article 35

En cas de décès d'un membre de la Cour, le Président de la Cour en informe immédiatement le Secrétaire permanent, qui déclare le siège vacant à partir de la date du décès.

En cas de démission d'un membre de la Cour ou si, de l'avis unanime des autres membres de la Cour, un membre a cessé de remplir ses fonctions pour toute autre cause qu'une absence de caractère temporaire, ou n'est plus en mesure de les remplir, le Président de la Cour, après avoir invité l'intéressé à présenter à la Cour ses observations orales en informe le Secrétaire Permanent,

qui déclare alors le siège vacant.

Dans chacun des cas prévus ci-dessus, le Conseil des ministres procède, dans les conditions prévues aux articles 32 et 33 ci-dessus, au remplacement du membre dont le siège est devenu vacant, pour la fraction du mandat restant à courir, sauf si cette fraction est inférieure à six mois.

Article 36

Les membres de la Cour sont inamovibles.

Tout membre de la Cour conserve son mandat jusqu'à la date d'entrée en fonction de son successeur.

Article 37

La Cour élit en son sein, pour une durée de trois anset demi non renouvelable, son Président et ses deux Vice-Présidents. Les membres de la Cour dont le mandat restant à courir à la date de l'élection est inférieur à cette durée peuvent être élus pour exercer ces fonctions jusqu'à l'expiration dudit mandat. Ils peuvent être renouvelés dans ces fonctions s'ils sont élus par le Conseil des ministres pour exercer un nouveau mandat de membre de la Cour. Aucun membre de la Cour ne peut exercer des fonctions politiques ou administratives. L'exercice de toute activité rémunérée doit être autorisé par la Cour.

Article 38

La durée du mandat des sept juges nommés simultanément pour la constitution initiale de la Cour sera respectivement de trois ans, quatre ans, cinq ans, six ans, sept ans, huit ans et neuf ans. Elle sera déterminée pour chacun d'eux par tirage au sort effectué en Conseil des ministres par le Président du Conseil. Le premier renouvellement de la Cour aura lieu trois ans après la constitution initiale de celle-ci.

Article 39 (tel que révisé à Québec le 17 octobre 2008)

Le Président de la Cour Commune de Justice et d'Arbitrage nomme le Greffier en chef de la Cour après avis de celle-ci, parmi les greffiers en chef ayant exercé leurs fonctions pendant au moins quinze ans et présentés par les Etats Parties.

Après avis de la Cour, le Président nomme également le Secrétaire Général chargé d'assister celle-ci dans l'exercice de ses attributions d'administration de l'arbitrage, selon les critères définis par un règlement du Conseil des Ministres.

Il pourvoit, sur proposition, selon les cas, du Greffier en chef ou du Secrétaire Général, aux autres emplois.

Article 40 (tel que révisé à Québec le 17 octobre 2008)

Le Secrétariat Permanentest l'organe exécutif de l'OHADA. Il est dirigé par un Secrétaire Permanent nommé par le Conseil des Ministres pour un mandat de quatre ans renouvelable une fois.

Le Secrétaire Permanent représente l'OHADA. Il assiste le Conseil des Ministres.

La nominationet les attributions du Secrétaire Permanent ainsi que l'organisation et le fonctionnement du Secrétariat Permanent sont définis par un règlement du Conseil des Ministres.

Article 41 (tel que révisé à Québec le 17 octobre 2008)

Il est institué un établissement de formation, de perfectionnement et de recherche en droit des affaires dénommé Ecole Régionale Supérieure de la Magistrature (E. R. SU. MA.).

L'établissementest rattaché au Secrétariat Permanent.

La dénominationet l'orientation de l'établissement peuvent être changées par un règlement du Conseil des Ministres.

L'établissement est dirigé par un Directeur Général nommé par le Conseil des Ministres pour un mandat de quatre ans renouvelable une fois.

L'organisation, le fonctionnement, les ressourceset les prestations de l'établissement sont définis par un règlement du Conseil des Ministres.

Article 42 (tel que révisé à Québec le 17 octobre 2008)

Les langues de travail de l'OHADAsont : le français, l'anglais, l'espagnol et le portugais.

Avant traduction dans les autres langues, les documents déjà publiés en français produisent tous leurs effets. En cas de divergence entre les différentes traductions, la version française fait foi.

Article 43 (tel que révisé à Québec le 17 octobre 2008)

Les ressources de l'OHADA sont composéesnotamment :

a) des contributions annuelles des Etats parties dont les modalités sont définies par un règlement du Conseil des Ministres;

b) des concours prévus par les conventions conclues par l'OHADA avec des Etats ou des organisations internationales;

c) de dons et legs.

Les contributions annuelles des Etatsparties sont arrêtées par le Conseil des Ministres.

Le Conseil des Ministres approuve les conventions prévues au paragraphe bet accepte les dons et legs prévus au paragraphe c.

Article 44

Le barème des tarifs de la procédure d'arbitrage instituée par le présent Traité ainsi que la répartition des recettes correspondantes sont approuvés par le Conseil des ministres.

Article 45 (tel que révisé à Québec le 17 octobre 2008)

Le budget annuel de l'OHADAest adopté par le Conseil des Ministres.

Les comptes de l'exercice clos sont certifiés par des commissaires aux comptes désignés par le Conseil des Ministres. Ils sont approuvés par le Conseil des Ministres.

Les comptes de l'exercice clos sont certifiés par des commissaires aux comptes désignés par le Conseil des ministres. Ils sont approuvés par le Conseil des ministres.

Article 46

L'OHADA a la pleine personnalité juridiqueinternationale. Elle a en particulier la capacité :

a) de contracter;

b) d'acquérir des biens meubles et immeubles et d'en disposer;

c) d'ester en justice.

Article 47

Afin de pouvoir remplirses fonctions, l'OHADA jouit sur le territoire de chaque Etat Partie des immunités et privilèges prévus au présent titre.

Article 48

L'OHADA, ses biens et ses avoirs ne peuvent faire l'objet d'aucune action judiciaire, sauf si elle renonce à cette immunité.

Article 49 (tel que révisé à Québec le 17 octobre 2008)

Dans les conditions déterminées par un Règlement, les fonctionnaires et employés de l'OHADA, les juges de la Cour commune de justice et d'arbitrage ainsi que les arbitres nommés ou confirmés par cette dernière jouissent dans l'exercice de leurs fonctions des privilèges et immunités diplomatiques.

Les immunitéset privilèges mentionnés ci-dessus peuvent être, selon les circonstances, levés par le Conseil des Ministres.

En outre, les juges ne peuvent être poursuivis pour des actes accomplis en dehors de l'exercice de leurs fonctions qu'avec l'autorisation de la Cour.

Article 50

Les archives de l'OHADA sont inviolables où qu'elles se trouvent.

Article 51

L'OHADA, ses avoirs, ses biens et ses revenus ainsi que les opérations autorisées par le présent Traité sont exonérés de tous impôts, taxes et droits de douane. L'OHADA est également exempte de toute obligation relative au recouvrement ou au paiement d'impôts, de taxes ou de droits de douane.

Article 52

Le présent Traitéest soumis à la ratification des Etats signataires conformément à leurs procédures constitutionnelles.

Le présent Traité entrera en vigueur soixante jours après la date du dépôt du septième instrument de ratification. Toutefois, si la date de dépôt du septième instrument de ratificationest antérieure au cent quatre-vingtième jour qui suit le jour de la signature du Traité, le Traité entrera en vigueur le deux cent quarantième jour suivant la date de sa signature.

A l'égard de tout Etat signataire déposant ultérieurement son instrument de ratification, le Traité et les actes uniformes adoptés avant la ratification entreront en vigueur soixante jours après la date dudit dépôt.

Article 53

Le présent Traitéest, dès son entrée en vigueur, ouvert à l'adhésion de tout Etat membre de l'OUA et non signataire du Traité. Il est également ouvert à l'adhésion de tout autre Etat non membre de l'OUA invité à y adhérer du commun accord de tous les Etats Parties.

A l'égard de tout Etat adhérent, le présent Traité et les actes uniformes adoptés avant l'adhésion entreront en vigueur soixante jours après la date du dépôt de l'instrument d'adhésion.

Article 54

Aucune réserve n'est admise au présent Traité.

Article 55

Dès l'entrée en vigueur du Traité, les institutions communes prévues aux articles 27 à 41 ci-dessus seront mises en place. Les Etats signataires du Traité ne l'ayant pas encore ratifié pourront en outre siéger au Conseil des ministres en qualité d'observateurs sans droit de vote.

Article 56

Tout différend qui pourrait surgir entre les Etats Parties quant à l'interprétation ou à l'application du présent Traitéet qui ne serait pas résolu à l'amiable peut être porté par un Etat Partie devant la Cour Commune de Justice et d'Arbitrage.

Si la Cour compte sur le siègeun juge de la nationalité d'une des parties, toute autre partie peut désigner un juge ad hoc pour siéger dans l'affaire. Ce dernier devra remplir les conditions fixées à l'article 31 ci-dessus.

Article 57（tel que révisé à Québec le 17 octobre 2008）

Les instruments de ratificationet les instruments d'adhésion seront déposés auprès du Gouvernement du Sénégal qui sera le Gouvernement dépositaire. Copie en sera délivrée au Secrétariat Permanent par ce dernier.

Article 58

Tout Etat ratifiant le présent Traité ou y adhérant postérieurement à l'entrée en vigueur d'un amendement au présent Traité devient par là-même partie au Traité telqu'amendé.

Le Conseil des ministres ajoute le nom de l'Etat adhérent sur la liste prévue avant le nom de l'Etat qui assure la présidence du Conseil des Ministres à la date de l'adhésion.

Article 59（tel que révisé à Québec le 17 octobre 2008）

Le Gouvernement dépositaire enregistrera le Traité auprès de l'Union Africaine et auprès de l'Organisation des Nations Unies conformément à l'article 102 de la Charte des Nations unies.

Une copie du Traité enregistré sera délivrée au Secrétariat Permanent par le Gouvernement dépositaire.

Article 60

Le gouvernement dépositaire avisera sans délai tous les Etats signataires ou adhérents

a）des dates de signature；

b）des dates d'enregistrement du Traité；

c）des dates de dépôt des instruments de ratification et d'adhésion；

d）de la date d'entrée en vigueur du Traité.

Article 61（tel que révisé à Québec le 17 octobre 2008）

Le Traité peut être amendé ou révisé siun Etat partie envoie, à cet effet, une demande écrite au Secrétariat Permanent de l'OHADA qui en saisit le

Conseil des Ministres.

Le Conseil des Ministres apprécie l'objet de la demandeet l'étendue de la modification.

L'amendement ou la révision doit être adopté dans les mêmes formes que le Traité à la diligence du Conseil des Ministres.

Article 62

Le présent Traité a une durée illimitée. Il ne peut, en tout état de cause, être dénoncé avant dix années à partir de la date de son entrée en vigueur.

Toute dénonciation du présent Traité doit être notifiée au gouvernement dépositaireet ne produira d'effet qu'une année après la date de cette notification.

Article 63（tel que révisé à Québec le 17 octobre 2008）

Le Traité, rédigé en deux exemplaires en langues française, anglaise, espagnole et portugaise, sera déposé dans les archives du Gouvernement de la République du Sénégal qui remettra une copie certifiée conforme à chacun des Etats parties.

En foi de quoi, les Chefs d'Etatet de Gouvernement et plénipotentiaires, soussignés, ont apposé leur signature au bas du présent Traité.

Fait à Québec, le 17 Octobre 2008

Le Président de la République du BENIN,

Boni YAYI

Le Président du BURKINA FASO,

Blaise COMPAORE

Le Président de la République du CAMEROUN,

Paul BIYA

Le Président de la République CENTRAFRICAINE,

François BOZIZE

Le Président de l'Union des COMORES,

Hamed Abdallah SAMBI

Le Président de la République du CONGO,

Denis SASSOU N'GUESSO

Pour le Président de la République de COTE D'IVOIRE,

Youssouf BAKAYOKO, Ministre des Affaires Etrangères

Le Président de la République GABONAISE,

El Hadj OMAR BONGO ONDIMBA

Pour le Président de la République de GUINEE,

Ahmed SOUARE, Premier Ministre

Pour le Président de la République de GUINEE – BISSAU,

Maria da Conceição NOBRE CABRAL, Ministre des Affaires Etrangères

Le Président de la République de GUINEE EQUATORIALE,

Teodoro OBIANG NGUEMA MBASOGO

Le Président de la République du MALI,

Amadou Toumani TOURE

Pour le Président de la République du NIGER,

Seyni OUMAROU, Premier Ministre

Le Président de la République du SENEGAL,

Abdoulaye WADE

Le Président de la République du TCHAD,

Idriss DEBY ITNO

Pour le Président de la République TOGOLAISE, Gilbert FOSSOUN
HOUNGBO, Premier Ministre

《非洲商法协调条约》英文版

Consolidated Version Of The Treaty On The Harmonisation Of Business Law In Africa, Signed at Port-Louis on 17 October 1993, as revised at Quebec, Canada, on 17 October 2008

The President of THE REPUBLIC OF BENIN

The President of BURKINA FASO

The President of THE CAMEROON REPUBLIC

The President of CENTRAL AFRICAN REPUBLIC

The President of ISLAMIC FEDERAL REPUBLIC OF THE COMOROS

The President of THE CONGO REPUBLIC

The President ofIVORY COAST REPUBLIC

The President of GABONESE REPUBLIC

The President of EQUATORIAL GUINEA REPUBLIC

The President of MALI

The President of NIGER

The President of SENEGAL

The President of CHAD

The President of TOGO.

High contracting authorities to the treaty on the harmonisation of business law in Africa,

Determined to accomplish new progress on the road to African unity and to establish a feeling of trust in favour of the economies of the Contracting States in a view to create a new centre of development in Africa;

Reaffirming their commitment in favour of the establishment of an African Economic Community;

Convinced of the fact that their membership in the franc zone is an economic and monetary stability factor and constitutes a major asset for the progressive realisation of their economic integration and that this integration must be carried on in a larger African framework.

Mindful of the fact that the realisation of those objectives demands an application in the Contracting States of a business law which is simple, modern andadaptable;

Conscious of the fact that it is essential that this law be applied with diligence in such conditions so as to guarantee legal stability of economic activities and to favour expansion of the latter and to encourage investment;

Desiring to promote arbitration as an instrument to settle contractual disputes;

Determined toparticipate in common new efforts to better the training of Judges and Representatives of the law.

Have agreed as follows:

Article 1

The objective of the present Treaty is the harmonisation of business laws in the Contracting States by the elaboration and adoption of simple modern common rules adapted to their economies, by setting up appropriate judicial procedures, and by encouraging arbitration for the settlement of contractual disputes.

Article 2

So as to implement the present Treaty, it is to be understood by Business Law regulations concerning Company Law, definition and classification of legal

persons engaged in trade, proceeding in respect credits and recovery of debts, means of enforcement, bankruptcy, receiverships, arbitration; are also included the following laws: Employment law, Accounting law, Transportation and Sales laws, and any such other matter that the Council of Ministers would decide, unanimously, to so include as falling within the definition of Business Law, in conformity with the objective of the present Treaty and of the provisions of Article 8.

Article 3 (as revised at Quebec on October 17, 2008)

The performance of duties provided for in this Treaty shall be carried out by an organization called Organization for the Harmonization in Africa of Business Law (OHADA).

OHADA includes of the Conference of Heads of State and Government, the Council of Ministers, the Common Court of Justice and Arbitration and the Permanent Secretariat.

The headquarters or official seat of OHADA is located in Yaoundé in the Republic of Cameroon. It can be transferred to any other location on a decision of the Conference of Heads of State and Government.

Article 4 (as revised at Quebec on October 17, 2008)

Whenever necessary, the Council of Ministers shall, by an absolute majority, adopt regulations for the application of the present Treaty and take other actions.

Article 5

Acts enacted for the adoption of common rules as provided for in Article 1 of the present Treaty are to be known as "Uniform Acts".

Uniform Acts may include provisions to give rise to criminal liabilities. Contracting States commit themselves to enforce sentences of offences.

Article 6

Uniform Acts are to be prepared by the Permanent Secretary Office in consultation with the Governments of Contracting States. They are to be

debated and adopted by the Council of Ministers on consultation with the Common Court of Justice and Arbitration.

Article 7 (as revised at Quebec on October 17, 2008)

Draft of the uniform Acts shall be provided by the Permanent Secretariat to the Governments of the States Parties, which shall then have ninety days starting on the date of receipt of such draft, to submit their written comments to the Permanent Secretariat.

However, the deadline provided for in the first paragraph may be extended to an equivalent term given the circumstances and the nature of the text to be adopted, at the discretion of the Permanent Secretary. Considering the circumstances, including the nature of the text to be adopted, such ninety-day period may be extended for another ninety days upon the Permanent Secretariat's request.

At the expiration of the ninety-day time period, the draft uniform Acts, along with the States Parties' comments and the report of the Permanent Secretariat, shall immediately be forwarded to the Common Court of Justice and Arbitration. The Court shall provide its advice within sixty days starting on the date of the receipt of a request for opinion.

Upon expiration of the new deadline, the Permanent Secretariat shall complete the final draft of the uniform Acts, and shall propose it for inclusion in the agenda of the next Council of Ministers.

Article 8

Adoption of the Uniform Acts by the Council of Ministers requires unanimous approval of the representatives of the Contracting States who are present and who have exercised their right to vote.

For such adoption of the Uniform Acts to be valid, at least two-thirds of the Contracting States shall be represented.

Abstention does not delay adoption of the Uniform Acts.

Article 9 (as revised at Quebec on October 17, 2008)

The uniform Acts shall be published in the Official Journal of OHADA by

the Permanent Secretariat within sixty days following their adoption. They shall be in force ninety days after such publication, unless these uniform Acts contain different preconditions to entry into force.

The uniform Acts are also published in the States Parties, in their Official Journals or by any other appropriate means. This formality does not affect the entry into force of the uniform Acts.

Article 10

Uniform Acts are directly applicable and overriding in the Contracting States notwithstanding any conflict they may give rise to in respect of previous or subsequent enactment of municipal laws.

Article 11

The Council of Ministers, upon recommendation on behalf of the Permanent Secretary Office, approves the annual program for the harmonisation of Business laws.

Article 12 (as revised at Quebec on October 17, 2008)

At the request of any State Party or the Permanent Secretariat and upon authorization of the Council of Ministers, the uniform Acts may be amended.

The amendment shall be adopted under the conditions forest out in articles 6 through 9, above.

Article 13

Litigation regarding the implementation of Uniform Acts is settled in the first instance and on appeal within the courts and tribunals of the Contracting States.

Article 14 (as revised at Quebec on October 17, 2008)

The Common Court of Justice and Arbitration is responsible of the interpretation and uniform application of the Treaty, of the regulations promulgated to further the Treaty's implementation, of the uniform Acts and of other the decisions.

The Court may be consulted by any State Party or by the Council of

Ministers on any issue within the scope of the prior paragraph. The same ability to request the advisory opinion of the Court shall belong to national courts hearing a case pursuant to article 13, above.

Seized as court of final appeal, the Court shall rule on decisions taken by appellate courts of the States Parties in all matters raising issues to the application of the uniform Acts and to the regulations contemplated by the Treaty, save decisions applying criminal sanctions.

The Court shall rule in the same manner on decisions not subject to appeal rendered in the same litigation by any court of the States Parties.

When sitting as a court of final appeal, the Court shall invoke and rule on the substance.

Article 15

Final appeals, as provided in Article 14, are brought to the Common Court of Justice and Arbitration, either directly by one of the parties to the proceedings or by referral of a national court ruling on appeal, on a case to which it is referred and which raises questions concerning the application of the Uniform Acts.

Article 16

The hearing of a case on appeal by the Court, stays automatically all proceedings in view of instituting an appeal before a national court against the decision in question. However this rule does not interfere with the execution of proceedings.

Such proceedings can only be carried out after that a decision of the Common Court of Justice and Arbitration declares itself as lacking jurisdiction to hear the matter in question.

Article 17 (as revised at Quebec on October 17, 2008)

In the event that it manifestly lacks competence in a matter, the Common Court of Justice and Arbitration may raise the issue sua ponte or by all parties to the dispute in limine litis.

The Court shall decide within thirty days following the comments from theadverse party or following of the time limit prescribed for the submission of said comments.

Article 18

Any party who, having raised before a national court hearing an appeal from inferior courts, that that national court lacks jurisdiction by virtue of the powers of the Common Court of Justice and Arbitration in the course of hearing the same appeal, can thereafter appeal to the Common Court of Justice and Arbitration within two months of the issue of the pronouncement of the contested determination.

The Court decides matters of jurisdiction on a ruling which it brings to the attention of the parties, as well as to such national court which is involved.

If the Court finds that such a national court has wrongly declared itself competent in determining an issue, the Court shall declare that latter determination as ultra vires and quashed.

Article 19

The procedure before the Common Court of Justice and Arbitration is to be laid down by Regulations adopted by the Council of Ministers pursuant to the provisions as set out in Article 8 and shall be published in the official publication of the OHBLA, as well as in the official publications of the Contracting States, or, as the case may be, in or by any other appropriate means.

Proceedings shall be adversarial in nature. Each party must be represented by a duly qualified lawyer. The hearing shall be held in public.

Article 20

The judgments of the Common Court of Justice and Arbitration are final and conclusive. Execution and enforcement shall be ensured by the Contracting States on their respective territories. In no case may a decision contrary to a judgment of the Common Court of Justice and Arbitration be lawfully executed in a territory of a Contracting State.

Article 21

In applying a arbitration clause or an out of court settlement, any party to a contract may, either because it has its domicile or its usual residence in one of the Contracting States, or if the contract is enforced or to be enforced in its entirety or partially on the territory of one or several contracting States, refer a contract litigationto the arbitration procedure provided in this section.

The Common Court of Justice and Arbitration does not itself settle such disagreements. It shall name and confirm the arbitrators, be informed of the progress of the proceedings, and examine decisions, in accordance with Article 24.

Article 22

Disagreements may be settled by one arbitrator or by three arbitrators. In this and the following articles, the expression "the arbitrator" means either one or more arbitrators.

When the parties have agreed that the disagreement will be settled by only one arbitrator, they may appoint him under a mutual agreement subject to approval of the Court. If there is any disagreement between the parties, an arbitrator shall be appointed by the Court within thirty days from the date of notification from one party to another to have recourse to arbitration.

Where three arbitrators are to hear a matter, each party-pursuant to a request for an arbitrator and in view to complyto such a request-shall appoint an independent arbitrator, such appointment being subject to the approval of the Court. If one of the parties refuses or cannot do so, the Court shall appoint an arbitrator on behalf of that party. A third arbitrator, shall also be appointed solely by the Court and who will sit as Chairman. The Court may however allow the choice of the third arbitrator to be made by the two other arbitrators only where there the latter have given an undertaking that they would elect as between them a third one, and this within a given period. In such a case, it is to the Court to

approve the third arbitrator. If, at the expiration of the period fixed by the parties or allowed by the Court, the arbitrators cannot reach an agreement between themselves, the third arbitrator shall be chosen and appointed by the Court.

If the parties have not agreed upon the number of arbitrators, the Court shall appoint one sole arbitrator, unless it appears to the Court that the case must be tried by three arbitrators. In such a case, each party shall have fifteen days to appoint an arbitrator.

The arbitrators may be chosen from the list of arbitrators established by the Court and updated annually. Members of the Court cannot be registered on that list.

The Court may rule on any challenge of an arbitrator by any party.

An Arbitrator shall be replaced in such circumstances as hereinafter set out, namely, where he or she has passed away, he or she is unable to perform his or her duties, he or she is to resign from office whether by reason of a challenge as to his orher suitability or otherwise, and where the Court, after enquiry decides that he or she has not fulfilled his or her obligations according to such rules of arbitration as may be applicable and according to this Treaty, or within such time as has been specified in relation to any matter. In any case, the proceedings must with paragraphs two and three of this article.

Article 23

Any national court of a Contracting State hearing a case wherein the parties have agreed that the matter to be resolved by arbitration shall hold itself as lacking jurisdiction to hear the case and, if necessary, refer the matter to Arbitration Proceedings.

Article 24

Before signing a partial or final award, the arbitrator shall submit the proposed decision to the Common Court of Justice and Arbitration, which may suggest any formal amendments to such a decision.

Article 25

Award pronounced in compliance with the stipulations provided herein shall have final and conclusive authorities in the territory of each Contracting State as judgments delivered by their national courts.

Such decisions may be enforced and executed by an order of Exequatur.

Only the Common Court of Justice and Arbitration has jurisdiction to pronounce an order of Exequatur.

Exequatur may not be issued in the following cases:

1) The Arbitrator has not ruled by virtue of an agreement giving him jurisdiction, or has ruled by virtue of a void or expired agreement

2) The Arbitrator has not ruled in compliance with its conferred mandate.

3) The principle of adversarial procedure has not been respected.

4) The decision is contrary to international public order.

Article 26

The Arbitration Regulations of the Common Court Justice and Arbitration Court shall be laid down by the Council of Ministers under the conditions provided for in Article 8. They shall be published in the Official Journal of the OHBLA, and shall also be published in the official publications of the Contracting States and in or byany other appropriate means.

Article 27 (as revised at Quebec on October 17, 2008)

1) The Conference of Heads of State and Government shall be composed of the Heads of State and Government of the States Parties. The Conference is chaired by the Head of State or Government whose country chairs the Council of Ministers.

The Conference shall meet when necessary, at the invitation of its Chair, on its own initiative or that of a one third of the States parties.

The Conference decides on any and all questions relating to the Treaty.

There is a quorum for decision of the Conference only if at least two-thirds of the States Parties are present.

Decisions of the Conference are effective by consensus or, failing that, by the absolute majority of the States parties present.

2) The Council of Ministers is composed of ministers of Justice and Finance of the States Parties.

The Presidency of the Council of Ministers shall be chaired by the States parties, each for a one-year term to rotate among the States Parties in alphabetical order.

The President of the Council of Ministers is assisted by the Permanent Secretary.

Adhering States shall hold the presidency of the Council of Ministers for the first time in the order of their accession after all previous States parties have served.

If a State party is cannot serve as the Council of Ministers' chair during a year prescribed therefor, the Council appoints the State Party that is, pursuant to the prior paragraphs, next in line for the chair.

When the State Party that was previously unable to serve as chair considers that it is able so to serve, it shall promptly so inform the Permanent Secretariat, requesting that the Council of Ministers takes appropriate action.

Article 28

The Council of Ministers shall meet at least once a year upon notification from the Chairman, such notification being issued on his initiative or on the initiative of a third of the Contracting Parties. No deliberation shall take place unless at least two-thirds of the Contracting States are represented.

Article 29

The Chairman of the Council of Ministers set the agenda upon proposals from the Permanent Secretary Office.

Article 30

The decisions of the Council of Ministers, other than those provided in Article 8, are reached by an overall majority of the Contracting States present

and voting. Each State can cast only one vote.

Article 31 (as revised at Quebec on October 17, 2008)

The Common Court of Justice and Arbitration is composed of nine judges.

Nevertheless, the Council of Ministers may, upon considering the size of the tasks and the availability of finances, set a higher number than the one set forth in the foregoing Article.

Judges of the Common Court of Justice and Arbitration are elected for a non-renewable term of seven years, from among the nationals of the States Parties.

They are chosen from among:

1. Magistrates having at least fifteen years of professional experience and satisfying their countries' criteria for service in senior judicial position;

2. Lawyers, being members of the Bar of one of a State Party, and having at least fifteen years of professional experience;

3. Law professors having at least fifteen years of professional experience.

One third of the members of the Court must belong to the categories referred to in points 2 and 3 of the prior paragraph.

The Court shall not include more than one national of any State Party.

This Article shall be applied in in accordance with the regulations promulgated pursuant to article 19, above.

Article 32

The members of the Court are elected by secret ballot by the Council of Ministers from a roll of nominated candidate presented for this purpose by the Contracting States.

Every State may nominate two or more candidates.

Article 33

The Permanent Secretary Office shall invite the Contracting States to proceed, within a period of at least four months before the elections, with the nomination of candidates to the Court.

The Permanent Secretary Office shall establish an alphabetical roll of the nominated candidates and shall provide a copy thereof to the Contracting States at least one month before the polling date.

Article 34

After their election, the members of the Court shall solemnly take oath to undertake faithfully their functions in full impartiality.

Article 35

In the event of death of a member of the Court, the President of the Court immediately informs the Permanent Secretary Office thereof and the Permanent Secretary Office declares the seat vacant since the date of death.

In case of the resignation of a member of the Court, or if, with the unanimous consent of the other members of the Court, a member has ceased to fulfil his functions for any other reason other than of a temporary nature, or is no more capable of fulfilling them, the President of the Court, after having invited the concerned member to appear before the Court and to give his oral submissions, shall inform the Permanent Secretary Office who shall declare the seat vacant.

In each of the hereabove circumstances, the Council of Ministers shallproceed under the conditions of Articles 32 and 33, for the replacement of the member whose seat become vacant, for the period of the mandate still to be carried on, except if six months or less remain in the mandate.

Article 36

The members of the Court shall have the security of tenure.

All members of the Court shall remain in duty until the date when his successor takes up his office.

Article 37

The Court shall elect among its own members, for a duration of three years and a half non renewable, its President and two Vice Presidents. The members of the Court whose mandate length is still running at the date of the election and is less than this duration, may be elected to exercise those functions until the expiration of their mandate. They can be reappointed to those functions if they are elected by the Council of Ministers to exercise a new mandate as member of the Court. No member of the Court shall exercise political or administrative functions. All remunerated activities must be authorised by the Court.

Article 38

The duration of the mandate of the seven Judges nominated simultaneously for the initial constitution of the Court will be respectively for three years, five years, six years, seven years, eight years and nine years. The mandate for each Judge will be determined by drawing lots, executed by the President of the Council of Ministers, during a session of the Council of Ministers. The first renewal of the Court will take place three years from the date of its initial constitution.

Article 39 (as revised at Quebec on October 17, 2008)

After soliciting the opinion of the Common Court of Justice and Arbitration, its President shall appoint the chief clerk of the Court from among the chief clerks, having at least fifteen years of professional experience, and having been nominated by the States Parties.

Upon the advice of the Court, the President shall also appoint the Secretary General in charge of assisting the Court in the exercise of its obligation to administer arbitration proceedings, in accordance with the criteria defined in regulations promulgated by the Council of Ministers.

Upon the request of the Chief Clerk or General Secretary, as appropriate, the President shall fulfill other positions.

Article 40 (as revised at Quebec on October 17, 2008)

The Permanent Secretariat is the executive body of the OHADA. It is headed by a Permanent Secretary appointed by the Council of Ministers for a four-year term, renewable once.

The Permanent Secretary of OHADA represents OHADA and shall assist the Council of Ministers.

The appointment and the functions of the Permanent Secretary as well as the organization and operations of the Permanent Secretariat are defined by regulations of the Council of Ministers.

Article 41 (as revised at Quebec on October 17, 2008)

A centre of training and continuingeducation, and of study and analysis of business law is created and called Advanced Regional Training School of Magistracy (ERSUMA).

The institution is attached to the Permanent Secretariat.

The name and the purpose of the institution may be changed by regulation of theCouncil of Ministers.

The center is headed by a Director General appointed by the Council of Ministers forfour-years term, renewable once.

The center's structure, management, resources and services of the School are defined by regulations of the Council of Ministers.

Article 42 (as revised at Quebec on October 17, 2008)

The working languages of OHADA are: French, English, Spanish and Portuguese.

Before translating the documents in other languages, documents already published in French shall have full effects. In the event of differences among the different translations, the French version will control.

Article 43 (as revised at Quebec on October 17, 2008)

OHADA's resources consist mainly of:

a) annual contributions of the States Parties, in accordance with the terms defined by regulation of the Council of Ministers,

b) assistance provided with agreements entered into between OHADA and States Parties or international organizations,

c) donations and legs.

Annual contributions of the States Parties shall be determined by the

Council of Ministers.

The Council of Ministers shall approve agreements contemplated in paragraph (b) and shall accept donations and legs contemplated in paragraph (c).

Article 44

Costs rate for the arbitration proceedings provided by the present Treaty as well as the distribution of the corresponding receipts shall be approved by the Council of Ministers.

Article 45

The annual budgets of the Common Court of Justice and Arbitration and of the Permanent Secretariat shall be approved by the Council of Ministers.

The accounts for each accounting period shall be certified by commissaries of accounts appointed by the Council of Ministers. They shall be approved by the Council of Ministers.

Article 46

The OHBLA has full international judicial personality. It has in particularthe capacity:

a} to contract;

b} to acquire furniture and real estate and to transfer them; and

c} to initiate legal proceedings and to be a party in litigation's.

Article 47

So as to fulfil its duties properly, the OHBLA shall possess on the territories of each contracting State immunities and privileges provided in the present title.

Article 48

The assets and possessions of the OHBLA shall not be subject to any judicial action, except if it renounces to its immunity.

Article 49 (as revised at Quebec on October 17, 2008)

In accordance with regulation, civil servants and employees of OHADA, the judges of the Common Court of Justice and Arbitration as well as arbitrators

appointed or confirmed by the said Court, shall benefit from diplomatic privileges and immunities.

As appropriate, the Council of Ministers may remove such immunities and privileges

Further, the judges may not be prosecuted for acts undertaken outside their official duties without due authorization of the Court.

Article 50

Nobody shall have access to the archives of OHBLA wherever they are.

Article 51

OHBLA, its properties, possessions and revenues as well as the operations authorised by the present Treaty are exonerated from all taxes and custom duties. The OHBLA is also exempt from any obligation related to the recovery or payment of taxes or custom duties.

Article 52

The present Treaty shall be ratifies by the signatory States in accordance with their respective constitutional processes.

The present Treaty shall come into force sixty days after the date of deposit of the seventh instrument of ratification. However, if the date of the deposit of the seventh instrument of ratification is earlier than the hundred eightieth day that follows the day of signature of the Treaty, the Treaty will be enforceable the two hundred fortieth day following the day of its signature.

With regard to any contracting State which shall deposit later its instrument of ratification, the Treaty and the Uniform Acts adopted before the ratification will be enforceable sixty days after the date of the aforesaid deposit.

Article 53

The present Treaty, as soon as it becomes enforceable, is open to all members of the O. A. U. not signatory of the Treaty. It is equally open to the adhesion of any other State not member of the O. A. U. invited to adhere to it, upon unanimous agreement of all contracting States.

With regard to any contracting State, the present Treaty and the Uniform Acts approved before its admission shall come into force sixty days after the deposit of the instrument of admission.

Article 54

No reserve is allowed to the present Treaty.

Article 55

As soon as the Treaty comes into force, the common institutions provided in Articles 27 to 41 will be established. Signatory States which have not yet ratified it may moreover sit at the Council of Ministers in the capacity of observers without right to vote.

Article 56

Any dispute that may arise between contracting States regarding the interpretation or the application of the present Treaty and which would not be settled amiably may be referred by a contracting State to the Common Court of Justice and Arbitration.

If a Judge of the nationality of one of the parties is sitting in the Court, any other party may appoint an ad hoc Judge to sit for the hearing of the case.

This last one will have to fill the conditions provided in Article 31.

Article 57 (as revised at Quebec on October 17, 2008)

Instruments of ratification and instruments of accession shall be deposited with the Government of Senegal, which shall be the authorized Depository Government. A copy thereof shall be delivered to the Permanent Secretariat by the latter.

Article 58

Any State ratifying the present Treaty or adhering to it after an amendment to the present Treaty has become enforceable shall be deemed to be a party to the Treaty as amended.

The Council of Ministers adds the name of the adherent State on the list provided by Article 27, preceding immediately the name of the State which

assumes the presidency at the date of the admission.

Article 59（as revised at Quebec on October 17，2008）

The Depository Government shall register the Treaty with the African Union and with the United Nations in accordance with article 102 of the United Nations Charter.

Article 60

The depository Government will inform without delay all the signatory or adherent States of：

a）the dates of signatures.

b）the registration dates to the Treaty.

c）the filing dates of the instruments of ratification and adhesion.

d）the date of the coming into effect of the Treaty.

Article 61（as revised at Quebec on October 17，2008）

This Treaty may be amended or revised when a State Party sends to that effect a written request to the OHADA Permanent Secretariat which thenforward it to the Council of Ministers.

The Council of Ministers shall examine the object of the request and the extent of the modification.

The amendment or revision must be adopted in the same manner as was the Treaty，at the request of the Council of Ministers.

Article 62

The present Treaty has an unlimited duration. In any event it shall not be denounced ten years before its coming into effect.

Any denunciation of the present Treaty must be notified to the depository Government and will take effect only one year after the date of such notification.

Article 63（as revised at Quebec on October 17，2008）

This Treaty，written in two copies in French，shall be deposited in the archives of the Republic of Senegal which shall deliver a certified true copy to each Government of the States Parties.

In witness thereof, the undersigned Heads of States and plenipotentiaries have affixed their signatures at the bottom page of the present Treaty.

Done in Quebec on 10 October 2008

This Treaty, prepared in duplicate in French, English, Spanish and Portuguese, shall be deposited in the archives of the Government of the Republic of Senegal, which will submit a certified conformed copy to each of the Contracting Parties.

In witness whereof, the undersigned Heads of State and of Government and plenipotentiaries have set their hands and seals below, on this Treaty.

Made at Quebec, this 17th day of October, 2008

The President of the Republic of Benin, Boni YAY

The President of Burkina Faso, Blaise COMPAORE

The President of the Republic of Cameroon, Paul BIYA

The President of the Central African Republic, François BOZIZE

The President of the Union of the Comoros, Hamed Abdallah SAMBI

The President of the Republic of Congo, Denis SASSOU N'GUESSO

For the President of the Republic of Côte d'Ivoire, Youssouf BAKAYOKO, Minister of Foreign Affairs

The President of the Republic of Gabon, El Hadj OMAR BONGO ONDIMBA

For the President of the Republic of Guinea, Ahmed SOUARE, Prime Minister

For the President of the Republic of Guinea-Bissau, Maria da Conceição NOBRE CABRAL, Minister of Foreign Affairs

The President of the Republic of Equatorial Guinea, Teodoro OBIANG NGUEMA MBASOGO

The President of the Republic of Mali, Amadou Toumani TOURE

For the President of the Republic of Niger, Seyni OUMAROU, Prime Minister

The President of the Republic of Senegal, Abdoulaye WADE

The President of the Republic of Chad, Idriss DEBY ITNO

For the President of the Republic of Togo, Gilbert FOSSOUN HOUNGBO, Prime Minister

参考文献

一　中文文献

1. 中文著作

阿鲁赛尼·穆鲁：《理解非洲商法协调组织》，李伯军译，湘潭大学出版社，2016。

鲍里斯·马特等：《非洲商法：OHADA 与统一化进程》，朱伟东译，英国全球市场简报出版公司，2008。

蔡高强、朱伟东主编《西部非洲地区性经贸组织法律制度专题研究》，湘潭大学出版社，2016。

何勤华、洪永红：《非洲法律发达史》，法律出版社，2006。

洪永红：《当代非洲法律》，浙江人民出版社，2014。

洪永红、夏新华等：《非洲法导论》，湖南人民出版社，2000。

克莱尔·莫尔·迪克森编《非洲统一商法：普通法视角中的OHADA》，朱伟东译，中国政法大学出版社，2014。

李伯军：《当代非洲国际组织》，浙江人民出版社，2013。

李伯军：《作为一门独立学科的非洲法》，湘潭大学出版社，2017。

沙尔瓦托·曼库索、洪永红主编《中国对非投资法律环境》，湘潭大学出版社，2009。

朱伟东：《非洲涉外民商事纠纷的多元化解决机制研究》，湘潭大学出版社，2013。

2. 中文论文

陈秀之：《OHADA 担保统一法研究——兼对我国担保立法的启示》，

湘潭大学硕士学位论文，2010。

李伯军：《非洲商法协调组织与中非经济关系》，《湘江法律评论》2011 年第 10 卷。

汪世芳：《OHADA 公路货物运输统一法及对中国的启示》，湘潭大学硕士学位论文，2007。

许颖：《非洲商法协调组织合作制企业统一法研究》，湘潭大学硕士学位论文，2013。

颜苗丽：《非洲商法统一组织仲裁制度与中国仲裁制度比较研究》，湘潭大学硕士学位论文，2010。

朱伟东：《OHADA 法律制度简析及其为对非投资带来的好处》，《海外投资与出口信贷》2010 年第 5 期。

朱伟东：《非洲地区一体化进程中的法律一体化》，《西亚非洲》2013 年第 1 期。

朱伟东：《非洲国际商法的统一化、协调化》，《西亚非洲》2003 年第 3 期。

朱伟东：《非洲商法协调组织述评》，《西亚非洲》2009 年第 1 期。

二　外文文献

1. 外文著作

Alhoulsseini Mouloul, Comprehendre l'OHADA (2éme edition), 2008.

Barthélémy Mercadal, Mahutodji Jimmy Vital Kodo, et, al., Code pratique OHADA : Traité, Actes uniformes et Règlements annotés, Editions Francis Lefebvre, 20 novembre 2013.

Boris Martor, Nanette Pilkington, David Sellers, Sébastien Thouveno, Le droit uniforme africain des affaires issu de l'OHADA, Litec (1 juillet 2004).

Boris Martor, Nanette Pilkington, David S. Sellers, Business Law in Africa: Ohada and the Harmonization Process, GMB Publishing, 2ème Edition (30 juillet 2007).

François Anoukaha, Abdoullah Cisse, et al., OHADA : Sociétés commerciales et G. I. E, Bruylant（12 décembre 2002）.

Joseph Issa Sayegh et Jacqueline Lohoues Oble, OHADA-Harmonisation du droit des affaires, Bruylant（17 octobre 2002）.

Koffi Noel YAO, OHADA-Guide des procédures collectives, Editions DroitAfrique. com（23 février 2010）.

Martha Simo Tumnde, Mohammed Baba Idris, JeanAlain Penda Matipe, John Ademola Yakubu, Claire Dickerson, Unified Business Laws for Africa: Common Law Perspectives on OHADA, GMB Publishing Limited（2 mai 2009）.

Romain Dupeyré, HenriJacques Nougein, Règles et pratiques du droit français de l'arbitrage, Lextenso（18 décembre 2012）.

2. 外文论文

Aboubakari Ganniyou, The protection of shareholders rights under the OHADA company law, LLM Thesis, Xiangtan University, 2016.

Agboyibor P. K. , The competence of the summary judge and the OHBLA compulsory enforcement proceedings, *International Business Law Journal*, No. 2, 2003.

Amegatcher, Andrew Ofoe, The OHADA Treaty from an Anglophone Perspective. *Ghana Policy Journal*, vol. 2, 2008.

Azar, Ziad Raymond, Bankruptcy Policy: An Empirical Investigation of 50 Jurisdictions Worldwide, *The American Bankruptcy Journal*, vol. 82, 2008.

Bamodu, Gbenga, Transnational Law, Unification and Harmonization of International Commercial Law in Africa, *Journal of African Law*, vol. 38, 1994.

Bolmin-Bouillet M. Cordonnier G. and Medjad K. , Harmonisation du droit des affaires dans la zone franc, *Journal du droit international*, No. 1, 1994.

Bonell, Michael Joachim, The CISG, European Contract Law and the Development of a World Contract Law, *The American Journal of Comparative Law*, vol. 56, 2008.

Bourque, Jean-Francois, Doing Business in Sub-Saharan Africa: A Legal

Revolution, *International Trade Forum*, vol. 3, 1998.

Camilla, Baasch Andersen, Defining Uniformity in Law, *Revue de droit uniforme* (UNIDROIT), Volume XI, 5, 2007. OHADATA reference number: D – 08 – 04.

Cartron, Aude-Marie and Cousin, Barthélemy, OHADA: a Common Legal System Providing a Reliable Legal and Judicial Environment in Africa for International Investors, OHADATA reference number: D – 07 – 27.

Castellani, Luca G. , Ensuring Harmonisation of Contract Law at Regional and Global Level: the United Nations Convention on Contracts for the International Sale of Goods and the Role of UNCITRAL, *Revue de droit uniforme* (UNIDROIT), 2008. OHADATA reference number: D – 09 – 08.

Chifflot Bourgeois F. , Ben Kemoun L. and Thouvenot S. , A few thoughts and ideas for a continued success of the OHBLA, *International Business Law Journal*, No. 2, 2006.

Coetzee, Juana, Harmonization of Sales Law: An International and Regional Perspective, *Vindobona Journal of International Commercial Law and Arbitration*, Volume 10, 2006.

Cooper, Seward Montgomery, The African Development Bank, the African Law Institute and the Harmonization of Laws in Africa, *Law for Development Bulletin*, 2004, 29. OHADATA reference number: D – 05 – 18.

Cousin, Barthélemy, The Future for OHADA. OHADATA reference number: D – 05 – 64. Available from: http://www.nortonrose.com/knowledge/publications/2005/ pub11006. aspx? page = 1672.

Date-Bah, Samuel Kofi, The UNIDROIT Principles of International Commercial Contracts and the Harmonisation of the Principles of Commercial Contracts in West and Central Africa: Reflections on the OHADA Project from the Perspective of a Common Lawyer from West Africa, *Uniform Law Review* (UNIDROIT), Volume 9, 2004. Available from: http://www. unidroit. org/english/publications/review/articles/2004 – 2 – datebah – e. pdf.

Date-Bah, S. K. , The Preliminary Draft OHADA Uniform Act on Contract Law as Seen by a Common Law Lawyer, *Revue de droit uniforme* (UNIDROIT), 2008, 217 – 222. OHADATA reference number: D – 09 – 14.

Delphine Constantin, Dispute Resolution in Civil-Law African Jurisdictions: Options for Indian Investors, *Indian J. Arb. L.* , Vol. 118, 2016.

Deschamps, Isabelle, Commercial Law Reform in Africa: A Means of Socio-Economic Development, But for Whom? Perspective of Women Entrepreneurs in Benin (December 15, 2011). Available at SSRN: http: // ssrn. com/ abstract = 2013704.

Dickerson, Claire Moore, Harmonizing Business Laws in Africa: OHADA Calls the Tune, *Columbia Journal of Transnational Law*, Volume 44, 2005.

Dickerson, Claire Moore, OHADA on the Ground: Harmonizing Business Laws in Three Dimensions, *The Tulane European and Civil Law Forum*, Volume 25, 2008.

Dickerson, Claire Moore, The Cameroonian Experience Under OHADA: Business Organizations in a Developing Economy, *Business & Society Review*, Volume 112, 2007.

Dickerson, Claire Moore, The Introduction of OHADA Law in Anglophone Countries; Linguistic Challenges, *Revue de droit des affaires internationales*, 2008. OHADATA reference number: D – 10 – 22.

Ekome, Emmanuel, Public Issue of Shares Under the Companies Ordinance and the Uniform Act of the OHADA Treaty, *Juris Périodique*, Volume 50, 2002.

Enonchong, Nelson E. , The Harmonization of Business Law in Africa: Is Article 42 of the OHADA Treaty a Problem? *Journal of African Law*, Volume 51, 2002.

Epie, Aloys, Recognition and Enforcement of International Arbitration Awards: A Comparative analysis of the New York Convention, the

UNCITRAL Model Law on International Commercial Arbitration and the OHADA Regimes, OHADATA reference number: D – 09 – 38.

Ferrari, Franco, The OHBLA Draft Uniform Act on Contracts for the Carriage of Goods By Road, *Revue de Droit des Affaires Internationales*, Volume 7, 2001.

Fille-Lambie O. , Legal aspects of project financing as applied to public utilities in the OHBLA zone, *International Business Law Journal*, No. 8, 2001.

Forneris, Xavier, Harmonising Commercial Law in Africa: The OHADA, *Juris Périodique*, Volume 46, 2001. OHADATA reference number: D – 05 – 21.

Fortin, Ann and Dicko, Saidatou, The Impact of the New OHADA Accounting System on the Judgments and Decisions of Cameroonian Bankers, Available from: http://www. lautorite. qc. ca/files/pdf/fonds – education – saine – gouvernance/promo – gouvernance/cifo – esg – uqam – etude – 2007 – 02. pdf.

Gaston Kenfack Douajni, Arbitration in the Next 50 Years in the OHADA Context, *Disp. Resol. Int'l*, Vol. 191, 2008.

Homman-Ludiye L. and Gerault N. , L'harmonisation du droit des affaires en Afrique. Présentation générale, *Cahiers juridiques et fiscaux de l'exportation*, CFCE, No. 2, 1998.

Issa-Sayegh J. , L'intégration juridique des États de la zone franc, *Penant*, No. 823 and 824, 1997.

Jonaathan Bashi, From Port Louis to Panama and Washington DC: Two Regional Approaches to International Commercial Arbitration, *Eur. J. L. Reform*, Vol. 44, 2012.

Jurgen Basedow, Worldwide Harmonization of Private Law and Regional Economic Integration-General Report, *Unif. L. Rev*, Vol. 8, 2003.

Kangambega L. , Observations sur les aspects pénaux de l'OHADA, *Penant*, No. 834, 2000.

Kenfack, Gaston Douajni, The Recognition and Enforcement of Arbitral Awards in OHADA Member States, *Journal of International Arbitration*, Volume 20, 2003.

Kenfack-Douajni G. , L'abandon de souveraineté dans le traité OHADA, *Penant*, No. 830, 1999.

Kirsch M. , Historique de l'OHADA, *Penant*, No. 827, 1998.

Lauriol T. , OHBLA Law forces the pace, *International Business Law Journal*, No. 5, 2001.

Lauriol T. , OHBLA; The Harmonization Process Intensifies, *International Business Law Journal*, No. 6, 2001.

Lucas C. Jenson, The Restrictive Theory of Foreign Sovereign Immunity and the Chinese-African Economic Relationship, *Transnat'l L. & Contemp. Probs*, Vol. 563, 2013.

Mancuso, Salvatore, The New African Law: Beyond the Difference Between Common Law and Civil Law, *Annual Survey of International and Comparative Law*, Volume 14, 2008.

Mancuso, Salvatore, Trends on the Harmonization of Contract Law in Africa, *Annual Survey of International and Comparative Law*, Volume 13, 2007.

Martor B. and Thouvenot S. , New Member States Joining OHBLA: Prospects and Terms of Their Joining: The Example of the DRC, *International Business Law Journal*, No. 4, 2005.

Martor, Boris and Thouvenot, Sébastien, Business Law in Africa: OHADA Harmonisation Supports Africa's Development, *International Highlights*, the Law Society, Volume 17, 2004. OHADATA reference number: D – 04 – 20.

Mbifi, Richard, Reflecting on OHADA Law Reform Mission: Its Impact on Certain Aspects of Company Law in Anglophone Cameroon. OHADATA reference number: D – 04 – 42.

Meyer, Pierre, The Harmonisation of Contract Law within OHADA. Actes du Colloque sur l'harmonisation du droit OHADA des contrats-

Ouagadougou 2007. *Revue de droit uniforme* (UNIDROIT), UNIDROIT, 2008, 393. OHADATA reference number: D – 09 – 24.

Muna, Akere, Is OHADA Common Law Friendly? *International Law Forum du droit international*, Volume 3, 2001.

M'Bosso J. , The Role of National Jurisdictions and Harmonised Law in the OHBLA, *International Business Law Journal*, No. 2, 2000.

Nsie E. , La Cour commune de justice et d'arbitrage, *Penant*, No. 828, 1998.

Nzalie, Joseph, Reflecting on OHADA Law Reform Mission: its Impact on Certain Aspects of Company Law in Anglophone Cameroon, OHADATA reference number: D – 04 – 42.

Onyema, Emilia, Enforcement of Arbitral Awards in Sub-Sahara Africa. *Arbitration International*, Volume 26, No. 1, 2010; SOAS School of Law Research Paper No. 14/2010. Available at SSRN: http: //ssrn. com/abstract = 1698240 or http: //dx. doi. org/10. 2139/ssrn. 1698240.

Oppong, Richard Frimpong, Observing the Legal System of the Community: the Relationship between Community and National Legal Systems under the African Economic Community Treaty, *Tulane Journal of International and Comparative Law*, Volume 15, 2006.

Oppong, Richard Frimpong, Private International Law in Africa: The Past, Present, and Future, *The American Journal of Comparative Law*, Volume 55, 2007.

Penda J. A. and Tumnde M. , Problems of Implementation of OHADA in Anglophone Cameroon, http: //www. ohada. com.

Penda J. A. and Tumnde M. , The Roadmap of the Harmonization of Business Law in Africa, http: //www. ohada. com.

Roodt, Christa, Conflicts of Procedure Between Courts and Arbitral Tribunals in Africa: an Argument for Harmonization, *The Tulane European and Civil Law Forum*, Volume 25, 2010.

Saadani Sherif El, Communication: OHADA, A Continent-Wide Perspective, *Revue de droit Uniforme* UNIDROIT, 2008, 485 – 88. OHADATA reference number: D – 09 – 29.

Sietchoua Djuitchoko C. , Les sources du droit de l'OHADA, *Penant*, No. 843, 2003.

Tabe Tabe S. , Some antipodal hurdles that beset the uniform working of the OHADA Uniform Acts in Cameroon, http: //www. ohada. com.

Temngah Nyambo J. , The legal system of trial in Cameroon: Implementing the OHADA treaty in Anglophone Cameroon, http: // www. ohada. com.

Thouvenot, Sébastien, The Importance of Assessing OHADA, *International Business Law Journal*, Issue 6, 2008.

Touray, Sharif A. , The OHADA Treaty: Recent Developments Will Spur African Investment and Project Financings. 1999. Available from: http: //library. findlaw. com/1999/Jul/1/130357. html.

Tumnde, Martha Simo and Penda, Jean Alain, Problems of Implementation of OHADA in Anglophone Cameroon, OHADATA reference number: D – 04 – 13.

Tumnde, Martha Simo, The Applicability of the OHADA Treaty in Cameroon. Annales de la Faculté de Droit de Dschang, 2002, 23. OHADATA reference number: D – 04 – 37.

Vanderlinden, Jacquesk, What Kind of Law Making in a Global World? The Case of Africa, *Louisiana Law Review*, Volume 67, 2007.

Vanderstraete, Laurence, Business Law of the Republic Democratic of the Congo: The Impact of the Democratic Republic of the Congo's future Accession to the OHADA, OHADATA reference number: D – 07 – 26.

Weidong ZHU, OHADA: As a Base for Chinese Further Investment in Africa, *Penant*, Vol. 129, No. 89, 2009;

Yakubu, John Ademola, Debt Recovery Procedures and Enforcement

Measures: OHADA Approach and the Approach of Common Law-Which Is Better? OHADATA reference number: D – 04 – 27.

Zinzindohoue A., National Judges and the Law in Relation with Harmonised Law in the OHBLA, *International Business Law Journal*, No. 2, 2000.

三　主要网站

www. juriscope. org

www. jurisint. org

www. ohadalegis. com

www. ohada. com

www. ohada. org

索　引

国际组织与全球治理学术资源聚集平台

国际组织数据库 www.guojizuzhicn.com

国际组织数据库是以国际组织为单位，整合全球主要国际组织的名录信息、正式文件、国内外相关研究成果和学界资讯的专业数据库。数据库内容资源持续更新，为把握国际组织发展动态、跟踪全球治理热点议题提供基础资料和前沿资讯。

国际组织数据库下设五个子库：（1）组织名录子库，汇总全球主要国际组织的名录信息，提供历史沿革、宗旨职能、机构设置、组织成员、出版物等基础信息，并可直接获取各国际组织的官网和联系方式；（2）正式文件子库，提供全球100余个最具影响力的政府间国际组织发布的正式文件，涵盖公约、协定、报告等各种类型；（3）国际议题子库，按照全球治理领域的核心议题设置栏目，并对资源进行精细化分类，方便精准查找科研成果；（4）学术中心子库，汇总与国际组织、全球治理研究相关的学者与机构信息，以及该领域有理论深度的科研成果资讯；（5）新闻资讯子库，提供国际组织相关时事新闻，有助于把握全球治理动态、透析国际热点问题。

国际组织数据库应用范围广泛。通过搭建国际组织、全球治理研究的学术资源平台，数据库可推动高校及科研机构的信息资源建设，为该领域学者深入研究国际组织发展现状提供一手资料及文献支撑；此外，数据库还有助于服务国家对外战略，面向各级政府外事部门提供资政参考，为国际组织相关事务决策提供理论基础及资讯支持。

数据库体验卡服务指南

充值卡使用说明：

第1步 刮开附赠充值卡的涂层；

第2步 登录国际组织数据库网站（www.guojizuzhicn.com），注册账号；

第3步 登录并进入"会员中心"→"在线充值"→"充值卡充值"，充值成功后即可使用。

声明

最终解释权归社会科学文献出版社所有。

数据库销售咨询：400-008-6695

数据库产品咨询：010-59367078

数据库服务邮箱：database@ssap.cn

欢迎登录社会科学文献出版社官网（www.ssap.com.cn）

和国际组织数据库（www.guojizuzhicn.com）了解更多信息

社会科学文献出版社
SOCIAL SCIENCES ACADEMIC PRESS (CHINA)

卡号：228262866499

密码：

图书在版编目（CIP）数据

非洲商法协调组织/朱伟东著. －－北京：社会科
学文献出版社，2018.11
（国际组织志）
ISBN 978－7－5201－2874－2

Ⅰ.①非…　Ⅱ.①朱…　Ⅲ.①国际商法－区域性组织
－概况－非洲　Ⅳ.①D996.1－20

中国版本图书馆 CIP 数据核字（2018）第119085号

·国际组织志·

非洲商法协调组织（OHADA）

著　　者／朱伟东

出 版 人／谢寿光
项目统筹／张晓莉
责任编辑／叶　娟　李海瑞

出　　　版／社会科学文献出版社·国别区域与全球治理出版中心（010）59367200
　　　　　　地址：北京市北三环中路甲29号院华龙大厦　邮编：100029
　　　　　　网址：www.ssap.com.cn
发　　　行／市场营销中心（010）59367081　59367083
印　　　装／三河市尚艺印装有限公司

规　　　格／开　本：787mm×1092mm　1/16
　　　　　　印　张：12.75　字　数：193千字
版　　　次／2018年11月第1版　2018年11月第1次印刷
书　　　号／ISBN 978－7－5201－2874－2
定　　　价／79.00元